쿤달리니 요가
핵심 노하우

신 영호, 임 지혜 저

머리말1

   2024년이 시작되었습니다. 이번 책은 쿤달리니 요가에 대한 핵심들로 구성된 책입니다. 쿤달리니와 차크라에 대해서 깊이 있게 인식하고 이해함으로써 여러분들의 인생은 변할 것입니다. 왜냐하면 쿤달리니와 차크라는 인간 내면에 숨겨진 의식과 에너지를 깨어내어 정신의 천재성을 향상시키고, 몸의 건강함을 업그레이드 시켜주기 때문입니다. 더 나아가 전생의 악한 카르마를 청산하는 과정을 도와줍니다. 물론 그만큼 고행과 정진이 필요한 훈련이자 수련입니다. 그러나 고통과 즐거움이 병행되는 고차원적인 수련체계이기 때문에 성취할 때는 대만족을 이룹니다. 물론 잘못된 마음을 지닐 경우 불행을 감내해야하는 어려움과 위험이 따르기도 합니다. 이는 쿤달리니와 차크라가 일종의 고차원적인 기술을 요구하는 탄트라(tantra) 요가이기 때문입니다. 탄트라 요가에서 탄트라의 본래 의미인 '결', '흐름', '직조', '틀', '시스템', '기술'이라는 뜻을 지니고 있습니다. 또한 고도의 기술 시스템으로 무장한 것이 쿤달리니와 차크라 시스템인 것입니다.

   본서를 통해서 많은 영성인과 종교인 그리고 수행자들 더 나아가 역술가와 타로마스터들이 참다운 쿤달리니와 차크라 시스템을 이해할 수 있었으면 희망해 봅니다. 본인이 과거 25여 년 전 인터넷에 번역하여 올린 쿤달리니 번역글과 본인의 체험담을 다시 정리해서 운명과 인생론을 첨가하여 타로마스터와 역술가에게도 도움이 되도록 다시 개정하여 펴냅니다.

   한편 이전에 펴낸 《오컬트 지혜 390》이 있습니다. 이 책을 본서와 함께 읽으면 엄청난 시너지 효과를 이룰 수 있습니다. 이 책은 타로마스터와 쿤달리니 요가를 공부하는 분들에게도 필요한 고급정보를 제공합니다. 오컬트와 마법에 대한 390가지 팁&노하우를 수록해 인생을 살아가는 지혜를 모았습니다. 본서 《쿤달리니 요가 핵심정리》를 공부한 후 오컬트와 마법차원에서 더 깊은 공부를 원하시는 분들에게 추천합니다.

본서가 나오기까지 함께 집필에 참여해 주신 임지혜 이스턴드래곤 출판사 사장님께 감사드립니다. 그리고 이 책을 읽어주시는 모든 독자제현님들의 가내에 행복과 평화가 늘 함께하시길 기원합니다. 끝으로 늘 인간에게 깊은 의미와 계몽을 가져올 책들을 낼 수 있도록 본인을 지켜주시는 정신계의 스승님들이신 불보살님들과 우주의 신들(gods/goddesses) 그리고 거룩한 창조주(God)분께 이 책을 바칩니다.

2024년 1월 북한산 비봉(飛峰) 아래에서
신 영호 씀

머리말2

쿤달리니와 차크라는 물질성과 전체성 혹은 개체화에 관한 이야기를 담고 있습니다. 전기 충만한 이 어퀘리어스 시대에 화려한 물질적 유혹을 뒤로하고 어떻게 개체화의 길을 걸어갈 것인가는 공부인들의 첨예한 관심사입니다. 깊이 인식할 수만 있다면 지구인들의 목표는 동일합니다. 어떤 진화를 해왔던 결국 수많은 전생을 거쳐서 이번 생애에 또 다시 태어난 이유는 개체화 혹은 전체성을 획득하는데 그 이유가 있는 것 같습니다. 이 과정들을 경험하고 쿤달리니의 정작용과 부작용을 진단하고 인식하는데 본서가 도움이 되기를 바랍니다. 쿤달리니와 차크라에 대해 보다 더 깊은 이해를 원하시는 분들은 이스턴 드래곤 출판사에서 출간된 《차크라 바이블》, 《마법사의 그리모어 오컬트 힐링 강의 노트》, 《오컬트 지혜 390》을 꼭 읽어보시기 바랍니다.

본서를 집필하는데 물심양면으로 도움을 주신 친정 어머께 깊이 감사드립니다. 신 영호 선생님께 깊은 감사를 드립니다. 언제나 나를 정신 차리게 만들어주고 나의 정신적 자극제가 되어주는 사랑하는 아들 고지형에게 이 책을 전합니다.

2024년 1월 3일 임지혜 씀

1. 동서고금의 수행체계들 중에서 가장 철학적이고 심오한 수행을 추천 하라면, 단연 쿤달리니 요가(kundalini yoga)를 뽑을 것이다. 개인적으로, 쿤달리니와의 인연은 47년을 넘어선다. 47여 년 전, 7살 무렵에 시골의 대자연을 홀로 거닐 때 쿤달리니를 처음 경험했다.[1]

2. 태양빛을 받아 생명력으로 활력이 더해진 파릇파릇한 풀과 꽃들을 배경으로 길을 걷고 있을 때, 홀연히 우주가 사라지면서 오직 하나의 점만이 존재했고, 이윽고 그 점조차도 사라지는 기이한 체험을 하였다. 본인은 어린 마음에도 "우주는 왜 존재하고, 세상은 왜 이렇게 여기에 있어야 하는가?" 라는 의문을 품고 풀밭을 거닐고 있었다.

3. 이러한 화두(話頭)아닌 화두를 통해서 본인은 쿤달리니 요가에서 말하는 순수의식(pure cit)의 상태에 이르렀던 것으로 회상된다. 이러한 과정이 전생의 공부에서 비롯되었는지는 모르지만 이때의 존재감이란 바로 생명력 있는 꽃과 풀들의 여백 그리고 고요하고 조용한 적멸의 텅빔(emptiness) 그 자체였다. 이러한 순수의식을 기반으로 그 위에 활발할 생명력과 활기찬 기화묘초(奇花妙草)들이 어린 소년이었던 본인의 마음에 다가온 것이다.

4. 이 신비체험을 통해서 본인은 황홀감, 오르가즘 그리고 카타르시스와는 다른 순수한 담백함과 순수 환희심에 대해서 깨닫게 되었다.[2]

---

[1] 신영호 저자의 이야기
[2] 알아 두어야 할 한 가지 중요한 사실이 있다. 많은 구도자들이 황홀감이라는 명분으로 탄트라 요가를 무지(無知)에 의해서 나쁘게 변형하여 사용하고 있다. 섹스 요가로 변질된 탄트라 요가가 그것이다. 하지만 참된 탄트라 요가는 시스템적인 쿤달리니 요가이다. 탄트라 그 자체는 불처럼 좋게 사용하면 문명을 밝힌다. 하지만 탄트라를 섹스 요가로 활용하면 문명을 파괴하는 불로 변질된다. 단테의 신곡에서처럼 하늘나라에 이르는 과정 중에는 넘어서야 할 마(魔)의 관문이 많이 있

5. 세상에 가장 많이 알려져 있는 요가(yoga)는 하타요가다. 즉 심신이완을 목적으로 스트레칭이나 근육훈련을 중심으로 하는 요가행법이다. 하지만 이러한 하타요가를 기본으로 익힌 후, 어느 정도 요가에 대한 이해와 실력이 늘면 더 고급의 요가수련으로 나아가야 한다. 실제로 가장 어렵고도 힘든 요가라고 하면 그것은 바로 쿤달리니 요가일 것이다. 쿤달리니 요가는 라야 요가(laya yoga)라고 하며, 몸의 물질요소를 녹이는 수련이다. 라야(laya)란 산스크리트어로 바로 '녹인다' 는 의미를 내포하고 있다.

6. 쿤달리니 요가 또는 쿤달리니 체험은 많은 요가 수행자들에게는 '갑작스럽게 찾아오는 것' 으로 알려져 있다. 물론 쿤달리니 체험을 각성하고자 하는 노력에 의해서도 각성이 이루어지기도 하지만 어떤 노력을 해도 쿤달리니 각성과 체험이 이루어지지 않는 이들도 있고, 요가 수행에 대해 전혀 모르는 이들에게 쿤달리니 체험이 이루어지는 경우도 있다. 본인은 47여 년 전 어렸을 때 쿤달리니가 각성되는 경험을 몇 차례 하였다. 이 책을 읽는 독자 여러분들도 아마 이러한 경험을 한 적이 있을 수 있다. 하지만 그것이 쿤달리니 각성이나 체험이라는 것을 모르고 지나쳤을 가능성이 높다.

7. 7살 무렵 뜰에 서있을 때, 논두렁 너머로 태양이 서서히 이글거리면서 지는 장관을 목격했다. 그때 본인은 내 마음에 태양이 살아서 움직이는 것처럼 생생하게 느낄 수 있었다. 그 때의 마음은 '순수함' 그 자체로서 태양이 내 마음과 하나가 되는 체험이었다. 붉고 뜨거운 태양이 내 마음속에서 살아 움직였다. 너무나 아름다운 기억이라 결코 잊혀지지 않으며, 지금도 회상하면 그 열기를 느끼는 듯하다. 쿤달리니에 관한한 이론보다는 실제 다른 사람의 쿤달리

다.

니 각성 체험을 들어두면 도움이 많이 된다.

8. 쿤달리니(kundalini)는 에너지, 힘, 의식을 의미한다. 심리학자인 프로이드가 강조한 리비도(libido)가 바로 쿤달리니인데, 그는 이 에너지를 성 에너지로 해석 했다. 또 다른 심리학자인 칼 융은 리비도를 생명의 순수 에너지로 봤다.

9. 사실 엄격하게 말한다면 쿤달리니와 리비도는 다르다. 쿤달리니는 미저골(꼬리 뼈) 부근에 잠든 잠재된 에너지다. 쿤달리니를 성 에너지로 취급하는 것은 쿤달리니의 위력을 과소평가하는 것이다. 쿤달리니 에너지는 성 에너지로서의 쾌락적 즐거움을 넘어서 매우 순수하고 환희심(歡喜心)을 일으키는 청정한 대자연의 아름다움을 만끽할 수 있는 에너지이다.

10. 본인은 심신(心身)이 힘들고 지칠 때면 쿤달리니 에너지를 활성화시키는 연습을 한다. 쿤달리니는 뼈에 숨겨두는 칼슘처럼 우리의 인체에 숨겨두는 미사용 에너지라고 할 수 있다. 쿤달리니 에너지를 잘 사용하면 피로감도 덜 수 있다. 쿤달리니는 심상화(mind imagination)와 시상화(visual imagination) 등 다양한 관법과 명상법에 도움이 되기도 한다.

11. 여러분은 지금 책상 앞에 앉아 본서를 읽거나, 서점에서 본서를 읽고 있을 것이다. 그 자세 그대로 유지하면서, 여러분의 발밑으로 맑은 냇물이 차갑게 흐른다고 상념해 보라. 그러면 정말로 춥게 느껴질 것이다. 이때 추위의 강도를 높게 느끼는 사람일수록 쿤달리니 에너지의 힘을 잘 감지하는 사람이다. 다시 한 번 상념에 잠겨보자. 여러분의 발을 흐르는 강물에 넣는다고 생각하며 그 차가움을 느껴보라. 이 추위가 뼈 속까지 느껴지면 쿤달리니의 힘이 얼마나 큰지 실감할 것이다. 그리고 그 추위의 느낌이 강할수록 쿤달리니 에너지의 힘

이 강하게 잠재해 있다는 뜻이다.

12. 더 나아가 아픈 부위가 있다면 그 부위가 흐물흐물 공간에 녹아서 사라져 버리고 몸도 사라져 버린다고 상념해 보라. 이 방법은 매우 어려운 방법이지만 집중해서 노력하면 자신의 몸이 텅 비는 경지에 이르는 것도 가능하다. 그러면 몸이 텅 비워있고, 병에 대한 집착 내지 고통과 아픔에 대한 생각이 순간적으로 사라질 때도 있다. 이를 쿤달리니 요가에서는 순간적인 의식의 변형3)이라고 한다. 쿤달리니가 제대로 각성되기 위해서는, 마음의 때가 없어지고 카르마가 녹고, 의식에 있어서 큰 변화를 겪어야 한다.

13. 그리고 몸이 마비가 잘 일어나고 몸이 무감각함을 종종 느낄 때, 몸이 빛으로 가득 채워진 빛의 몸(body of light)이라고 생각해 보라. 상념(想念)의 힘이 셀수록 빛이 강하게 몸을 비출 것이다. 빛에서 전기에너지가 나와 마비되거나 무감각해진 그리고 중풍기운이 있는 몸의 기운을 잘 소통시킨다고 상념하자. 그러면 마비되거나 무감각해지거나 뻐근하거나 하는 부분이 어느 정도 치유될 것이다.4)

14. 또한 쿤달리니는 고통 속에서 즐거움을 얻게 해준다. 힌두교의 전통에 의하면 몸이 좋지 않고 알 수 없이 기운이 없는 상태를 깔리 상태(kali state)라고 하며, 몸이 건강하고 혈기왕성한 생명에 찬 상태를 두르가 상태(durga state)라고 한다. 깔리 여신의 영향권에 있을 때는 몸도 마음도 모두가 힘들고 두렵고 무섭다. 하지만 두르가 여신의 영향권에 있을 때는 몸과 마음이 평화롭고 행복하며 축복의 상태가 된다.5)

---

3) transformation of the consciousness를 뜻한다.
4) 물론 정확한 치유는 의사들로부터 양방과 한방 치료를 받아야 할 것이다.

15. 쿤달리니는 수행자가 a라는 상태에서 b라는 상태로, 다시 b의 상태에서 c의 상태로 전변(轉變) 하도록 하는 초월적이며 신비적인 에너지이다. 따라서 이 쿤달리니 에너지는 수행자의 몸과 마음 상태에 큰 영향을 미치며 매우 강력하고 위험스럽기까지 한 힘이다. 따라서 쿤달리니 요가를 수련하는 이들은 한결 같이 매우 고결하고 헌신적이며 숭고한 마음을 지녀야 한다. 철학자 칸트가 말한 바대로 별빛처럼 아름다운 도덕률로 자신의 마음을 고결하게 할 필요가 있는 것이다. 먼저 고결하고 숭고한 마음 자세가 전제되어야 하며 이러한 마음 상태에서 쿤달리니가 각성되면 지복(至福)의 상태로서 영혼(samvit)의 황홀경을 체험한다. 그리하여 비전(vision)을 보게 되기도 하며 수행자의 몸과 마음 상태 전체를 바꾸어 놓는다. 비전을 보게 된다는 것은 제 3의 눈이라고 하는 아즈나 차크라가 각성되기 때문이다.

16. 인체에는 차크라(charka)라고 하는 7개의 에너지 센터가 존재한다. 이 7개의 차크라를 모두 각성시키면 차크라가 소멸되면서 공(空)만 남게 되어 깨달음에 도달하게 된다. 이는 인류의 성자(聖者) 반열에 올라서게 되는 것이다.

17. 차크라를 각성시키게 되면 자연스럽게 쿤달리니 각성이 일어난다. 여기서 주목해야 할 사항이 하나 있는데, 그것은 대쿤달리니와 소쿤달리니에 대한 분류이다.

---

5) 예로부터 길조에는 까치가 있고, 흉조에는 까마귀가 있다. 뜻은 길한 소식을 가져다주는 것은 까치요, 나쁜 소식을 가져다주는 것은 까마귀다. 따라서 까치와 까마귀 자체를 각각 좋고 나쁘다고 해서는 안 된다. 소식들을 전하는 메신저이다. 칼리 상태와 두르가 상태도 단순히 나쁜 상태, 좋은 상태로 단정 지어서 말해서는 안 된다. 몸이 아프고 악한 카르마로 일어나는 현상이 칼리 상태이고 몸이 건강하고 선한 카르마로 일어나는 현상이 두르가 상태인 것이다. 좋고 나쁨에 집착해서는 안 된다. 칼리 상태를 다 겪으면 악한 카르마가 정화됨을 알아야할 것이다.

18. 대쿤달리니는 일반적으로 알려진 것처럼 꼬리뼈에 잠들어 있는 독사(the serpent)의 형상을 띤다. 그리고 이 잠재된 힘으로서의 독사가 깨어나 척추를 타고 모든 차크라를 각성시키고 삼키면서 상승한다. 그리하여 이 독사의 힘은 정수리에 해당하는 사하스라라 차크라를 뚫고 폭발해 솟아나와 환희의 분수처럼 분출한다. 이것이 바로 쿤달리니 폭발로서 대쿤달리니를 말한다.

19. 물론 신체적으로 이렇게 수행을 통한 대쿤달리니 각성 외에, 칼 융 박사가 말년에 생사를 넘나드는 죽음의 고비 속에서 지구 밖에서 지구별을 바라본 체험도 대쿤달리니에 해당한다. 대쿤달리니를 경험하면 자아(Ego)가 사라지고 오로지 우주 대자연의 아름다움과 담담한 황홀함만이 남는다.

20. 본인이 경험한 대쿤달리니는 실제로 육체적인 힘으로서 독사의 힘을 각성시킨 것이 아니라, 융 박사처럼 대자연의 숨결과 하나가 되는 물아일체(物我一體)의 상태였다. 무아(無我)가 된다. 내가 없어진다. 공(空) 체험을 하게 되는 것이다.

21. 반면 소쿤달리니는 각각의 차크라에 해당하는 의식을 즐기고 경험하는 것이다. 따라서 소쿤달리니는 성욕, 절제, 의지, 감성, 순수한 명예, 지성, 신성 등 각각 부분적인 에너지에 해당한다. 대쿤달리니가 각성되고 폭발하기 위해서 일반적으로 소쿤달리니를 경험한다.

22. 소쿤달리니는 주로 의식 차원에서 이루어지고, 대쿤달리니는 무의식 깊은 곳에서 이루어진다. 본서에서는 특별한 경우가 아니면 대쿤달리니와 소쿤달리니에 대한 구별을 하지 않고 그냥 통합해서 의식과 무의식의 각성과 개화(開

花)에 대해서 다룬다. 다만 참고로 말하자면, 시중의 서적이나 일반 수행자에게 있어서 쿤달리니 각성과 폭발은 대쿤달리니를 의미한다.

23. 쿤달리니에서 초능력이나 신비적 힘이 비롯되기도 한다. 특정 차크라를 각성시켜 완전히 차크라에 대해서 지배력을 갖게 되면 그 차크라에 해당하는 오컬트 파워(occult power)를 얻는다. 신통력은 바로 차크라를 지배하고 통제할 때 얻어진다. 기독교에서 말하는 십자가 나상이나 선악과를 휘감고 있는 뱀, 그리고 힌두교의 춤추는 시바상, 히포크라테스의 문양, 불상 머리의 육개상, 용의 승천 등은 모두 쿤달리니의 상징이다. 십자가를 통해서 신통력을 얻기도 하며, 시바상을 명상함으로써 신통력을 얻기도 한다.

24. 이러한 쿤달리니 에너지의 핵심 메카니즘은 꼬리뼈 부근에 잠재된 성력(性力)으로서의 샥티(shakti)를 깨워내서 척추를 타고 상승하도록 하여 6개의 차크라 에너지 중심부를 모두 뚫어 각성시키면서 사하스라라에 있는 시바(shiva)와 하나 되는 데 있다. 이렇게 쿤달리니 샥티와 쿤달리니 시바가 합일됨으로써 이원적인 세계는 사라지고 일원적인 세계를 얻게 된다. 즉 음양, 선악, 호오, 애증 등이 모두 사라지고 하나 된 세계를 경험하게 되는 것이다.

25. 이렇게 쿤달리니 샥티와 쿤달리니 시바가 합일이 되면 두뇌에서 사용하지 않았던 부분이 깨어나 천재성을 발현하게 된다. 또한 초자연적인 신비로움과 경이로움 속에서 삼매(samadhi)를 체험하게 되기도 한다.

26. 쿤달리니는 인체 내면에 잠들어 있는 무한한 힘을 표현하며 이 쿤달라니의 시작 위치는 미저골(꼬리뼈) 부근과 회음부이며 최종 위치는 정수리(crown chakra)이다. 그리고 우리가 경험하는 기쁨, 공포, 슬픔, 충격과 같은 모든 감

정과 의식 상태가 바로 쿤달리니 현상인 것이다.

27. 쿤달리니와 호흡에 대해서 설명하자면, 쿤달리니 수행자에게 있어서 호흡은 자신이 숨 쉰다고 생각하지 말고 우주가 숨을 쉬게 해준다고 생각할 필요가 있다. 즉 숨을 쉬는 것이 아니라, 숨 쉬어지는 것으로 깨달아야 한다. 수행자는 '나' 라는 관념과 실재는 없다는 사실을 알아야 한다. 수행할 때 내가 무엇을 한다라는 주체적인 의식은 잠시 지워버려야 한다. 그래야 우주 에너지로서 쿤달리니 에너지를 느끼는 것이다.

28. 또한 쿤달리니는 고도의 상상력을 통해 활성화되기도 한다. 즉 마음으로 자신의 몸이 공(空)한 상태로 사라진다고도 종종 생각해 볼 필요가 있다. 실제 대쿤달리니 폭발을 경험한 수행자의 경우 차크라를 구체(球體:동그란 구형)로 비유한다. 이는 지두 크리슈나무르티의 쿤달리니 체험과 각성의 과정에서도 설명된 것이다.

29. 쿤달리니는 익히 알다시피 뱀의 에너지요, 뱀이 용이 될 수 있는 진화의 에너지(evolutionary energy)이다. 사람들이 뱀을 무서워하는 것은 잠재된 쿤달리니 에너지의 힘을 두려워하는 것과 같다. 일반적으로 뱀은 독이 있는 탁한 에너지이고 용은 정화된 깨끗한 에너지인데, 뱀의 탁한 에너지를 정화하여 용의 에너지로 바꾸는 것이 바로 쿤달리니 수행이다.

30. 이 쿤달리니 수행을 하는 이유는 바로 수행자인 여러분의 업(業:카르마)을 해소시키는 데 있다. 쿤달리니 수행이 깊어지면 업장이 풀려서 전개된다. 그와 동시에 카르마가 정화 및 소멸되기도 한다.

31. 달마대사는 마음을 중생심(衆生心)과 청정심(淸淨心)으로 구분했는데, 이때 중생심이 바로 정화되어야 할 독의 에너지이고 청정심이 정화된 순수한 에너지인 것이다.

32. 쿤달리니 에너지는 영어로 evolutionary energy라는 뜻을 갖고 있다. 즉 쿤달리니는 진화 에너지로서 '힘'인 것이다. 하지만 독이 있으므로 함부로 사용해서는 안 되고 반드시 스승(guru)의 도움이 필요하다.

33. 쿤달리니를 완전히 각성시켜 폭발시키기 위해서는 위험을 감수해야 하는 대모험이기도 하다. 그리고 쿤달리니는 악업을 제거하기 위한 수행이므로 자신의 의식 상태를 계속 바꾸어 나간다. 하나의 의식 상태는 바로 전생의 구업(舊業)에 해당한다. 즉 쿤달리니 수련과 각성은 힘의 차원 변형을 끊임없이 일으킨다.

34. 시바(shiva)는 정신에너지, 샥티(shakti)는 육체에너지다. 이 둘이 조화를 이루어 하나가 될 때 강력한 삼매(samadhi)로 진입한다. 그리고 쿤달리니가 각성되어 깨어나게 되면 생각에 힘이 생긴다. 그것도 청정한 힘으로서 생각이 발현된다. 이런 관점에서 본인은 쿤달리니 에너지를 생각의 힘으로 간주한다. 물론 이는 소쿤달리니 차원에서 말하는 것이다.

35. 참고로 대쿤달리니 폭발이건 소쿤달리니 각성이든 모두가 힘과 에너지의 세계에 대한 이야기다. 생각의 힘이 약하면 문필력이나 말의 힘이나 모든 면에서 힘이 약해지게 된다. 그래서 생각의 힘을 키우는 것이 중요한데, 가장 좋은 수행법은 바로 쿤달리니 각성에 있다.

36. 생각의 힘이 크다는 것은 생각이 순수하다는 것이며, 그것은 집착이 사라져버린 청정심에 기반을 두고 있다는 것이다. 청정심에서 나온 생각이나 사유를 청정생각 또는 청정사유라고 한다. 반면 중생심에서 일어난 생각은 번뇌다.

37. 그렇다면 쿤달리니를 어떻게 각성해야 할 것인지가 관건이다. 쿤달리니 각성은 여러분의 무의식을 깨워야 가능하다. 무의식이란 인간의 의식 저 편에 잠재된 내면의 에너지이다. 융 박사는 이 무의식 에너지를 리비도라는 형태로 이야기하였다. 리비도 에너지는 보이지 않는 형상과 이미지를 지니고 있는데, 한마디로 에너지 설계도가 갖추어져 있다고 보면 된다. 에너지 설계도는 에너지가 무슨 일을 해야 할지 지능적으로 알고 있다. 컴퓨터 소프트웨어 중에서 인공지능(A.I.) 소프트웨어로 보면 된다. 무의식을 깨우기 위해서는 호흡수련, 쿤달리니 명상 그리고 각종 종교의 경전 탐독 등 정신세계 서적들을 읽는 것이다.

38. 일단 쿤달리니가 자동 각성되면 결국 자동으로 수행이 이루어져 나간다. 새로운 의식과 행위 그리고 언어패턴들과 사유패턴들을 익히고 심지어 행동패턴까지도 익힌다. 쿤달리니는 힘이기 때문이다. 이것이 새로운 창조적 의식의 발현이다. 서양철학자 화이트헤드가 창조성을 그의 저서 《과정과 실재》에서 그렇게 강조한 것은 바로 이런 이유이다. 쿤달리니는 요가나 쿤달리니 명상을 통해 각성되는 인간에게 내재한 근원적 힘이며, 이 우주의 가장 원초적이고 시원(始原)적 힘의 발현이다.

39. 천재성과 창조성은 일맥상통한데, 그 둘의 근원은 바로 쿤달리니 에너지에 있다. 창조성이라는 것은 새로운 것을 만들어 내는 능력인데, 일반인들은 이러한 창조적 힘을 얻지를 못한다. 물론 수행자들도 호흡수련, 명상 등을 통해 쿤

달리니를 각성한다고 하지만, 깊이 들어가서 보면 쿤달리니는 자신의 힘으로 각성하는 것이 아니라 우주의 정신계 존재자들과 신(God)이 각성시켜 주는 특수한 에너지이다. 따라서 함부로 욕심이나 욕망으로 수행하면 하늘로부터 벌을 받아 깔리 상태[6]라는 극심한 고통 속에서 살게 되고, 올바른 마음과 선업(good karma)이 많은 사람들에게는 자동적으로 하늘이 두르가 상태라는 지복 속에 살도록 해준다. 물론 전생과 현생의 복덕도 작용한다.

40. 참고로 독사의 힘인 쿤달리니는 물질계에 추방된 영혼을 되찾음으로써 신성한 힘으로 재생시킨다. 이는 카발라(kabbalah)의 생명의 나무에 부속된 10개의 세피라(sephira)를 통과해 상승하는 에너지 흐름과 유사하다.

41. 샨스크리트어로 동굴 또는 코일을 뜻하는 쿤달리니 에너지는 용수철처럼 내재된 힘이다.[7] 쿤달리니는 사유의 힘을 강화시키고 말이나 행동까지 힘을 갖도록 해준다. 쿤달리니는 힘(power)이며 에너지라고 보아도 무방하다. 하지만 쿤달리니를 함부로 쓰면 절대 안 된다. 악업(bad karma)을 만들기 때문이다. 바르게 사용하면 악업을 제거하거나 정화 및 소멸시키지만 그렇지 않을 경우에는 악업을 쌓는다.

42. 쿤달리니가 각성된 사람은 무엇보다 자신의 진화에너지인 쿤달리니를 더 발달시키기 위해서 항상 남을 돕고 남에게 봉사하는 정신의 소유자가 되어야 한다.[8] 그리고 쿤달리니가 각성된 사람은 책을 많이 읽게 되어 있다. 책으로

---

[6] 전생의 악업(bad karma)이 있을 경우에 육체는 칼리 상태를 경험한다.
[7] 신선(神仙)의 에너지를 상징하는 문양이 동심원인 것을 보면, 쿤달리니 에너지와 모종의 연관성이 있다.
[8] 쿤달리니 에너지는 일종의 보살도의 에너지이다. 점성학을 공부하는 사람이라면 쿤달리니 각성자들의 점성술 차트를 분석하면 적지 않은 통찰을 얻을 수 있을 것

부터 많은 정보를 얻고 자신의 정신계를 더욱 공고하게 하고 견고하게 한다. 좋은 책에는 정신을 강화시키는 약(藥)이 있기 때문에 쿤달리니가 각성된 사람은 책에서 약을 얻는 능력이 뛰어나다. 그래서 쿤달리니 각성자가 책을 읽으면 보통사람이 책을 읽는 것보다 훨씬 이해력이 높고 깊고 넓게 본다. 책의 내용을 이해하는데 있어서 시야가 넓어지고 깊이가 심오해진다.

43. 쿤달리니는 전이(transference)되는 특성을 갖고 있다. 그래서 고피 크리쉬나나 오쇼 라즈니쉬 그리고 지두 크리슈나무르티와 같은 쿤달리니 각성자의 글이나 말 그리고 그와 함께 지내면 쿤달리니가 깨어날 수 있다. 철이 자석에 가까이 있으면 자석의 기운을 띠는 것과 마찬가지이다. 그러나 부정적 쿤달리니를 갖고 있는 사람, 예를 들어 악업이 많아 잘못된 쿤달리니 각성을 지닌 사람 곁에 있으면, 그 쿤달리니 각성자도 고통스럽지만 주변사람도 고통을 느낄 수 있다.

44. 이것은 생각이 정리가 되지 않은 상태로서 정견(正見)과 정사유(正思惟)를 구족하지 못한 수행자가 힘(power)만 발달하였기 때문에 문제가 되는 것이다. 물론 지나치게 몸이 아프고 정신과 신경에 고통을 주는 칼리 상태의 쿤달리니 부작용은 전생 악업 때문이다.

45. 생각의 뒤얽힘이나 편협한 생각들은 잘못된 쿤달리니 부작용을 낳는다. 그래서 항상 성현들의 경전이나 좋은 선지식의 정신세계 관련 책을 읽으면서 자신의 사유를 견실하고 정합적으로 가꾸어 나가는 것이 필요하다. 쿤달리니 각성자일수록 조심해야 하는 것은, 그냥 보통 책들을 많이 읽으면 오히려 자신의 두뇌와 몸에 갖추어진 쿤달리니 미세신이 깨지거나 상처를 입을 수 있다. 따라

이다. 예를 들어, 고피 크리쉬나, 지두 크리스나무르티, 그리고 오쇼 라즈니쉬 등의 점성술 탄생 차트를 공부하면 도움이 될 것이다.

서 두뇌의 혼돈과 의식의 저하를 막기 위해서 반드시 의식 수준이 높고 청정한 마음의 저자가 집필한 좋은 서적을 읽어야 한다.

46. 그리고 비논리적이고 부정확한 표현이나 잘못된 견해(見解)로 쓰여진 책은 쿤달리니 각성자의 정신계에서 읽도록 허용하지 않는다. 즉 쿤달리니 각성자의 무의식을 그의 정신계에서 통제하고 있기 때문에, 그는 이제부터 신이 구원한 자, 즉 신이 선택한 사람이 되는 것이다.

47. 쿤달리니 각성자는 매사 주의에 주의를 기울여야 한다. 보통사람보다 내면의 힘이 몇 배 더 강해지고 의지력이나 지구력도 강해진다. 특히 쿤달리니 각성자에게 많이 보여지는 현상은 열정이 굉장하다는 것이다. 그리고 순수해진다. 그래서 어떤 일을 하던 매우 치밀하고 치열하게 한다. 쿤달리니의 본성은 에너지 활용을 잘 하는데 있기 때문에, 쿤달리니 각성자는 삶을 통해서 에너지 분배를 잘 하게 된다.

48. 미세신(微細神:subtle body)이라고 하는 인체의 에너지시스템을 깨어나게 하고 활성화시키므로 4대 영혼체들이 모두 활성화되고 힘을 얻는다. 쿤달리니가 각성되면 4대 영혼체(에텔체, 아스트럴체, 멘탈체, 코절체)가 모두 강력한 파워를 지니게 된다. 사실 유체이탈(the out of body), 아스트럴 투사(astral projection), 자각몽(lucid dream) 그리고 더 나아가 깨달음까지도 쿤달리니의 영향권에 있다고 해도 과언이 아니다.

49. 쿤달리니는 4대 영체가 존재하는 에너지 시스템의 기틀이다. 마치 빈 그릇과도 같은 것이 쿤달리니다. 빈 그릇에는 물건을 담을 수 있는 공간이 있다. 그 공간이 바로 쿤달리니라는 이야기이다. 왜 그런가 하면 쿤달리니는 바로 쓰

임(用)을 의미하는 경향이 많기 때문이다. 4대 영체가 사용하는 에너지가 바로 쿤달리니다.

50. 다시 한 번 강조하는 바, 4대 영혼체인 에텔체(ether body), 아스트럴체(astral body), 멘탈체(mental body), 코절체(causal body)가 사용하는 에너지가 쿤달리니 에너지다. 물론 쿤달리니가 각성되지 않은 사람은 인체의 저급 생명에너지를 사용하는데, 쿤달리니가 각성된 사람은 반대로 인체의 내면적이고 본질적인 잠재적 생명에너지를 사용한다. 한마디로 쿤달리니는 고급에너지인 것이다. 이는 차에 들어가는 고급 휘발유와 값싼 기름의 차이와 같다. 쿤달리니 에너지가 발현된 사람의 경우 4대 영체가 매우 강력한 에너지를 얻는다는 것이다. 고급에너지를 사용할 경우 고능력을 발휘하는 것처럼, 쿤달리니가 각성된 사람은 니체가 말한 초인(超人)으로 다가선다. 그래서 쿤달리니를 각성하고자 많은 수행자는 노력하는 것이다. 하지만 자신의 인체시스템이 그랜저가 아니라 싸구려 기계인데, 잘못해서 시스템을 바꾸지 않은 상태로 너무 고급에너지를 사용하게 되면 문제가 될 수도 있다. 인체시스템도 좋고 에너지도 좋아야 한다.[9]

51. 인체시스템을 바꾸려면 공부를 많이 해야 한다. 감정적으로 나쁜 사람한테 많이 시달려서 감정을 컨트롤할 수 있고 면역력이 생겨야 한다. 감성적으로 좋은 정서와 음악, 예술, 풍경, 자연경관 등을 통해서 업그레이드시켜야 하며, 책이나 좋은 말씀을 많이 들어 지성체인 멘탈체를 연마하고 보시, 사랑, 봉사, 헌신 등을 통해 신성체인 코절체를 정화하고 업그레이드시켜야 한다. 이와 같이 4대 영체에 대한 견고하고 정화된 시스템을 구비했을 때 쿤달리니가 의미를 갖는다.

---

[9] 쿤달리니는 전기에너지를 지닌다. 쿤달리니가 각성되면 전기체가 몸에 흐르게 된다. 전기체를 깨어내 온몸에 흐르게 하는 게 쿤달리니 요가이기도 하다.

52. 전생에 선업을 많이 쌓은 사람은 태어날 때부터 쿤달리니가 열리기도 하는데 그렇지 못한 사람이 쿤달리니를 각성하려면 선업을 많이 쌓아야 한다. 쿤달리니가 각성되어 인체 에너지 시스템을 환골탈태시키기도 하지만, 본인이 아는 한 인체시스템과 쿤달리니 에너지는 상호작용을 한다. 쿤달리니는 인체시스템에 있는 버그와 오류를 치유하면서 동시에 인체시스템에서 쿤달리니 에너지를 만들어 낸다. 계속해서 말이다.

53. 일반인들이 쿤달리니를 각성하기 위해서는 4대 영체를 골고루 각성시키면서 동시에 선업을 많이 쌓아야 한다. 무주상10)으로 보시와 복을 많이 지어야 한다. 특히 정신세계가 심오한 상위 정신계에 진입한 수행자들에게 좋은 일을 많이 하면 가피와 은총을 받게 된다.

54. 혹자들은 황홀한 에너지가 쿤달리니라고 이해하는데, 실제로 그것만은 아니다. 쿤달리니 에너지는 강인한 에너지로서 사랑과 지혜를 지니고 있다. 그래서 쿤달리니가 각성되면 성자(聖者)의 반열에 올라설 가능성이 높아지는 것이다.

55. 골방에 틀어 앉아 명상과 호흡수련만 한다고 해서 쿤달리니가 각성되지는 않는다. 한편 마음가짐 한 번 잘 쓰면 다시 말해서 좋은 생각을 잘하면 그것이 바로 쿤달리니 각성이나 발현의 시작이다. 신(God)께서 쿤달리니를 각성시켜 주는 이유는 바로 그 에너지를 잘 쓸 수 있는 적합자이기 때문에 해당 수행자의 의식을 쿤달리니 에너지로 채워주는 것이다.

---

10) 머무른 바 없는 마음, 집착하지 않는 마음, 의도를 갖지 않는 순수한 마음…

56. 진리(truth)의 에너지요 진화의 에너지인 쿤달리니는 마치 촛불에 기름을 붓는 것이나 다름없다. 그래서 잘못하면 마치 화재가 발생한 것처럼 불행한 삶을 살기도 한다. 쿤달리니가 각성되는 순간에는 고통과 악업까지 터져 나오므로 무조건 쿤달리니 각성을 하려는 욕심은 버려야 한다. 쿤달리니가 일단 각성되면 성욕을 주의해야 한다. 성욕은 독의 에너지이므로 쿤달리니 에너지와 결합되면 치명적 손상을 가져다준다. 인체 시스템이 깨진다는 것이다. 인체가 고장이 난다. 따라서 쿤달리니 각성자는 항상 신(God)의 은총과 축복을 위해 감사와 기도를 해야 한다. 그렇지 않고 혼자 힘으로 이 어마어마한 에너지를 사용하려고 하면 절대 안 된다. 쿤달리니 대폭발을 경험한 어느 수행자께서 이르시길, 쿤달리니의 핵심은 바로 악업 청산에 있다고 말씀하셨다. 중생들에게 빚진 우주적인 빚을 모두 갚을 때 우주공간계를 뚫고 진입해 나갈 수 있는 것이다.

57. 쿤달리니는 진화의 에너지이기 때문에 일단 각성되면 정신계의 동료와 경쟁자들이 대거 등장한다. 따라서 잘 대처하는 능력도 필요하다. 본인은 쿤달리니가 각성된 후 붓다의 경전을 읽고 많은 도움을 받았다. 아함경이 특히 도움이 많이 되었다. 매우 좋은 에너지를 갖추고 있기 때문에 그 어떤 서적이나 경전보다 아함경으로부터 좋은 의식을 얻었다.

58. 또한 쿤달리니는 우주에너지이다. 지구의 자장권을 벗어나는 힘을 지니고 있으며 매우 강력한 에너지이다. 함부로 사용해서는 절대 안 된다. 함부로 사용하는 사람에게는 쿤달리니가 좋지 않은 작용을 일으킨다. 우주의 진화와 전체 우주종족들의 진화를 위해서 신(God:초절정 절대고수)께서 점지하고 선택한 사람에게 부여하는 특권의 에너지가 바로 쿤달리니 에너지인 것이다. 쿤달

리니가 각성되기 위해서는 순수해야 한다.

59. 쿤달리니 요가에서 철학은 중요하다. 그 이유는 철학자들의 미세신(subtle body)은 매우 정교하고 체계적으로 조밀하게 직조되어 있기 때문이다. 철학은 미세신을 발달시키고 각성시킨다. 철학이 기본적으로 도덕과 윤리로 되어 있기 때문이다. 철학자들의 사유를 읽다 보면 그들의 미세신 구조가 현저하게 치밀하고 세밀하다는 것을 많이 느낀다. 지성은 몸과 결부되어 있고 인체시스템과 결부되어 있기 때문에, 앞에 언급한 것처럼 지성체를 포함한 4대 영혼체가 모두 인체시스템과 결부된다. 철학자들의 지성체를 들여다보고 연구하면 매우 치밀하고 세밀한 구조로 되어 있다는 것을 쿤달리니 요가 수행자나 각성자는 알 수 있다.

60. 바하나 모차르트, 베토벤 등의 곡을 통해서도 감성체를 깨어나게 할 수 있고, 현대음악을 들으면서도 감성체를 깨어나게 할 수도 있다. 한편 에텔체는 순수한 정의와 의지의 에너지이다. 어떤 신선이 제자에게 정으로 선물을 주었다는 것처럼, 순수한 정은 에텔체 또는 에텔더블체인 감정체를 깨어나게 하는 데 활용된다. 전체적으로 4대 영혼체가 개화(開化)되고 꽃피우고 각성되면 차크라(chakra) 시스템의 업그레이드와 동시에 미세신까지도 고급화된다.

61. 미세신은 한 마디로 나디(nadi:인체의 기경맥:氣經脈)들이 지나가는 미세한 보이지 않는 몸을 말한다. 이 투명한 바디가 발달되어야 바로 몸이 건강하고 에너지가 넘친다. 쿤달리니 에너지는 이 투명한 바디, 즉 미세신을 정화하는 에너지이기도 하다. 쿤달리니 에너지 말고도 엠브로지아(ambrosia)라고 하는 희열의 약(藥)에 해당하는 고급에너지가 있는데, 흔히 도가(道家)에서는 감로(甘露)라고 말하기도 한다.

62. 인체 시스템은 4대 영혼체와 미세신 그리고 차크라 더 나아가 나디(nadi)에 어떤 에너지를 투여하느냐에 따라 몸과 마음의 힘 그리고 기능성이 결정된다. 쿤달리니가 각성되면 직관력, 내구력, 힘 모든 면에서 인체시스템이 업그레이드 된다. 따라서 몸의 건강을 위해서나 기능향상을 위해서는 쿤달리니 에너지는 필수적이다. 인체시스템을 고급화시키는 것은 쿤달리니 에너지이다.[11]

63. 고도의 동양철학인 주역(周易)은 바로 기문진으로서 미세신을 활성화하고 치밀하게 해주는 역할을 한다. 만약 쿤달리니가 깨어 난 사람이 주역을 공부하게 되면 훨씬 더 강력한 이해와 파악을 하게 된다. 물론 주역 공부 자체가 쿤달리니를 깨우기도 한다. 주역의 효사(爻辭) 해설을 보면 하늘의 도리와 인간의 도리 그리고 땅의 도리를 하나하나 자세히 설명하고 있어 어떻게 살아가고 행동해야 하는지 수행자들에게 친절히 설명하고 있다. 이러한 주역을 읽는 것만으로도 에너지 정화와 시스템 업그레이드가 가능한 것이다. 특히 주역의 글 전체는 바로 순수성을 지향한다. 쿤달리니가 순수한 마음을 지닌 사람에게 발현하는 것이라면 주역 구절의 순수성은 쿤달리니 각성자에게 매우 중요한 것이다.

64. 추가로 견성(見性)을 하여 깨달음을 얻은 사람이 음계를 범해서는 안 되는 것은 바로 자신의 인체시스템을 저하시키거나 퇴화시키고 생명 에너지를 더럽힐 수 있기 때문이다. 따라서 쿤달리니 수행자는 계율을 어느 정도 잘 지켜야 한다. 쿤달리니 각성을 얻었던 고피 크리쉬나는 아마도 쿤달리니 각성 후 성욕을 통제하지 못했기 때문에 극심한 고통 속에서 오랜 시간 보낸 것으로 알고 있다.

---

[11] 쿤달리니 에너지는 일종의 환골탈태(換骨奪胎) 에너지이다.

65. 인간은 누구나 생각을 한다. 하지만 쿤달리니 각성을 통해 깨달음을 얻은 성자(聖者)들은 생각하지 않은 상태에서 생각을 한다. 그러니까 이런 말이다. 생각하는 자가 없이 허공 속에서 생각은 조용히 일어나고 다시 조용히 허공 속으로 사라진다. 그래서 허공과 생각은 일여(一如)라고 말한다. 마치 바다와 파도가 모양만 다르지 하나인 것과 같다. 그러나 깨닫지 못한 중생들은 자신의 생각이 일어나면 그것이 어떻게 변화될지 모른다. 즉 한 올의 생각이 매우 큰 망상까지 일으킨다는 것이다. 그래서 자신을 두렵게 하고 대인관계를 어렵게 하고 사람들을 무섭게 여기고 죄의식을 갖고 공포감을 느끼게 된다. 두려움은 만병의 원인이자 불안 그리고 고통의 근원이란 말이 있다. 물론 일반 중생들은 너무나 오욕락(五欲樂)의 에너지에 물들어 있어 이러한 죄의식조차도 망각해 버렸다. 하지만 아직도 순수한 마음으로 살아가고 탈속적인 분들은 매우 좋은 마음을 내면에 갖추고 있다. 그 마음의 빛을 찾으면 누구나 성자(聖者)가 될 수 있다.

66. 물론 어렵고 어려운 길을 인내하고 통과해야 한다. 중생들에게 있어서 생각들이라는 것은 잡음이요 불협화음이요 불순물이다. 하지만 깨닫지 못한 사람들이라고 무작정 나쁜 생각, 잘못된 생각, 지저분한 생각들만 일어나는 것이 아니다. 중생심과 청정심이 섞여 의식에 들어있기 때문에 분간이 안 될 뿐 엄연히 청정한 마음도 존재한다. 중요한 것은 그렇게 고요하고 침착하고 맑고 밝게 차분히 존재하는 청정심을 깨워내는 것이 수행의 요체요 비결이다.

67. 한편 생각에도 패턴이 있는데, 쿤달리니 요가에서는 그 다양성을 매우 중시한다. 사실 신(God)은 자신의 자손들을 낳은 후 인내하고 슬기롭고 용기 있으며 자비와 사랑을 겸비한 준수한 자손을 기르려는 목적으로 세계를 창조하고

인류를 창조했다는 이야기가 전해진다.[12] 사실이 어떻든 간에 우리는 진실로 아름답게 살 필요가 있는데, 그 아름다움의 덕목 중에서 쿤달리니가 차지하는 비중은 극히 중요하다. 인류의 고대문명과 신화와 전설에서 현대문화에 이르기까지 쿤달리니가 숨쉬고 있지 않은 곳은 없다 하겠다. 고대사원의 문양에서부터 건축 조형물 예술작품에 이르기까지 모든 것이 쿤달리니다. 물론 이는 쿤달리니의 간접적인 표현이며 직접적인 표현은 앞에서 밝힌 바와 같이 뱀과 같은 동물이나 용과 같은 신비한 생명체에 이르기까지 다양하다. 히포크라테스의 지팡이도 마찬가지다.

68. 이러한 쿤달리니가 펼치는 사물의 양상과 사유(思惟)의 패턴은 어떤 차이가 있으며 어떤 공통점이 있는 것인가? 답은 간단하다. 쿤달리니는 의식의 다양성을 표현하기 때문에 그 다양성이 구체적으로 나타나는 방식은 생각의 패턴과 맥락을 같이 한다. 하지만 생각의 패턴은 덧없는 경우가 많으나, 쿤달리니는 의식과 무의식의 깊은 각인(刻印)으로부터 얻어진 것이다. 만다라(Mandala) 또한 쿤달리니의 일종으로 생각해 볼 수 있을 정도로 강력한 쿤달리니이다. 타트바(물질 형성소)를 나타내는 도형이 사각형, 초승달 모양, 삼각형, 다윗의 별(솔로몬의 인장) 모양 그리고 원 하나하나가 쿤달리니의 현현 양태이다.

69. 그리고 쿤달리니는 인체의 하부의식에 잠재된 에너지, 샥티 에너지를 본원으로 한다. 인간의 무의식은 두뇌의 의식과는 달리 몸의 의식이요 몸의 힘에서 비롯된다. 리차드 바크의 《갈매기의 꿈》에서 죠나단 리빙스턴 시걸이 깨우친 것처럼 몸은 생각들의 덩어리이다. 그리고 그 생각들이라는 것은 무의식의 표현이다. 의식은 그러한 생각들이 드러나는 마당일 뿐이다. 생각은 어디서 발원되는가? 바로 인간의 4대 영체(에텔더블체, 아스트랄체, 멘탈체, 코절체)와 차

---

[12] 강인한 호랑이들은 자녀를 낳으면 우선 절벽에 올라가 일부로 자신의 새끼들을 떨어뜨리고 절벽아래에 가서 살아남은 자녀만 데리고 간다고 하는 이야기처럼...

크라 센터에서 비롯된다. 프로이드의 정신분석학에서 무의식은 잠재의식을 말하며, 이는 쿤달리니 요가에서 말하는 하위 차크라들, 즉 물라다라, 스와디스타나, 마니퓨라, 아나하타, 비슈다 차크라들에 해당한다. 그리고 융의 분석심리학에서 말하는 무의식은 의식 너머에 있는 것으로, 주로 코절체나 아즈나 차크라 그리고 사하스라라 차크라에 해당한다.

70. 중요한 점은 이러한 무의식이 잠재의식이든 초의식이든 간에 그것은 바로 인간의 미세신(微細身)과 연관되어 있다. 이 미세신은 영어로 'subtle body'라고 하여 인간의 기(氣:프라나)와 호흡이 소통되는 곳이기도 하다. 이 미세신에 기문진(奇文陳)이 새겨진다. 그리고 이 미세신이 정화되어 맑고 깨끗해질 때 상쾌한 의식이 들어온다. 우리가 수련하다가 가끔씩 몸 속에서 세포가 각성되면서 상쾌하고 쾌활한 느낌이 드는 경우가 있다. 그것은 바로 전생과 현생의 악업이 정화되는 동시에 기가 나디(nadi)를 뚫고 제대로 움직이게 되는 것을 말해준다.

71. 쿤달리니가 각성된 사람은 미세신을 타고 미세한 쿤달리니가 움직인다. 그래서 그들의 사유를 보면 매우 부드럽고 정교하며 정묘(精妙)하다. 실제로 도가(道家) 스승이 쓴 글을 읽을 때면 글 모양이 매우 둥글둥글하고 유강(柔强)한 문체를 정신 깊이 느낄 수 있어 의식각성과 영적 각성에 많은 도움을 받는다. 그래서 쿤달리니가 크게 발달한 사람의 글을 읽거나 말을 들어보면 읽거나 듣는 이의 의식체계도 매우 유강하게 변화할 수 있는 변형적 힘, 즉 법력을 얻게 된다. 실제로 쿤달리니 각성자의 번역글이나 연설 그리고 강좌를 들어보면 매우 강한 영적이면서 정신적인 카타르시스를 느끼기도 한다. 물론 깊은 몰입에 들어가면 쿤달리니가 소쿤달리니적인 의식각성(환희와 즐거움)이 아니라 대쿤달리니적인 의식확장(심오함과 광대함)을 느끼거나 누리게 된다.

72. 소쿤달리니는 생각의 패턴으로 발생하고 현현한다. 그러나 대쿤달리니는 영혼의 확장이다. 그래서 생각의 패턴을 넘어서 영혼의 울림과 떨림 더 나아가 영혼의 꽃이 피어나는 것으로 다가온다. 그렇다고 소쿤달리니가 대쿤달리니를 위한 부수적이고 보완적인, 별로 쓸모없는 것이라는 이야기가 아니다. 소쿤달리니가 발현되어야 대쿤달리니가 활발히 작동하게 된다. 왜냐하면 소쿤달리니가 맑고 아름다운 생각으로 변화될 때 비로소 대쿤달리니도 우주적인 의식으로 생동감 있게 활성화되기 때문이다. 흔히 대쿤달리니를 얻으려면 우주적인 의식의 폭발이 있어야 한다고 말한다. 그리고 소쿤달리니가 각성되어도 훌륭한 문장가나 문필가가 된다.

73. 하지만 수행자가 궁극의 경지에 도달하기 위해서는 대쿤달리니 각성은 필수적이다. 대쿤달리니 각성을 위한 수련법은 석가모니 붓다의 밀교에서 주로 전수되어 내려와 밀라래빠와 같은 성자가 체득하였다. 인도 쿤달리니 요가나 티벳 밀교나 비슷한 맥락을 갖고 있는 것은 바로 이러한 역사적 사실과 비슷한 지리적 위치 때문에 기인한 것으로 보인다. 하지만 중요한 점에서는 차이가 있을 수 있다. 아즈나 차크라부터 깨어나가는 하향식(top-down) 방식과 물라다라 차크라나 마니퓨라 차크라부터 깨어나가는 상향식(bottom-up) 방식이 그것이다. 하지만 실제로 미국에서 출간된 몇몇 서적에서는 쿤달리니 요가와 티벳 밀교 간의 수행법 내용이 대동소이하다.

74. 실제로 쿤달리니 요가를 각성시킬 때 주로 호흡수련을 사용한다. 즉 마니퓨라 차크라를 각성시켜 그 에너지를 물라다라 차크라가 위치한 꼬리뼈 부근으로 옮겨가 그 꼬리뼈를 활성화시켜 그곳에 잠재된 에너지를 척추를 타고 상승 운행시키고 아즈나 차크라를 각성시키는 방법이다. 물론 도가(道家)의 가르침이

혼합되어 있어 선도내공의 오룡봉성(五龍奉聖) 과정(대약과정)과 함께 동시에 쿤달리니가 일어난 것으로 안다. 또한 휘황찬란한 백색과 적색의 여러 구슬들이 배 안에서 운행되면서 일월합벽이 일어나고 그것이 아나하타 차크라를 뚫고 아즈나 차크라를 뚫은 후 사하스라라 차크라(두정:백회)를 뚫고 밖으로 분출하여 쿤달리니 폭발과 같은 형태로 일어나기도 한다. 이를 도가에서는 주후비금강의라고 말한다.

75. 인도 요가의 고대 비전서에는 쿤달리니 요가의 핵심이 메두하나디 시스템에 있다고 말하기도 한다. 실제로 지두 크리슈나무르티는 척추를 타고 올라가는 뜨거운 열기운과 차가운 냉기운 둘이 아즈나 차크라에서 합일되어 빛의 성자를 보았다고 전한다. 고피 크리슈나와 오쇼 라즈니쉬는 서로 다른 쿤달리니 현상과 체험을 경험하였다.

76. 쿤달리니가 잘못 각성되면 성 에너지에 의해서 문제가 된다. 즉 완전하게 소화되지 못한 쿤달리니 폭발, 즉 불완전하며 불안정한 쿤달리니 폭발은 완전히 연소되지 못한 장작더미와 같다. 아쉬운 느낌을 갖게 되고 일말의 미련을 갖게 된다. 뒷간에 갔다가 변을 다 못보고 나오는 것과 같은 기분인 것이다. 이 때문에 쿤달리니 각성을 내면에서 추구하며 이러한 황홀감을 경험하기 위해서 다른 방편에 손을 대기도 한다. 도박이나 다양한 이성간의 성교가 그것이다.

77. 고대 이집트 연금술에서 "선자(good man)가 선한 마음(도를 구하는 마음)으로 나쁜 과정을 겪어도(수행을 잘못하여 외도로 빠져도) 결국 좋은 결과를 맺게 된다."라고 말하고 있으며 다만 "악인(bad man)이 악한 마음(잘못된 사욕)으로 좋은 과정을 겪어도(수행을 잘해도) 결국 나쁜 결과를 초래하게 된

다"라고 말한다. 이래서 불가(佛家)의 일체유심조(一切唯心造)가 매우 중요한 것이다. 마음을 어떻게 가지느냐에 따라 99명을 살생한 앙굴리말라도 죄의 늪에서 벗어나 붓다의 품안으로 들어오게 되었다. 앙굴라말라는 도를 구하기 위해서 사람을 모르고 죽였기 때문이리라... 13)

78. 예수께서 어느 창녀를 놓고 "죄 없는 자는 저 여자를 쳐라"라고 하였을 때 그녀는 이미 쿤달리니 체험을 한 상태였다고 할 수 있으며, 많은 선지식들이 방탕하게 사는 것도 결국 물병자리 시대의 해체주의와 결부되어 기존 정도(正道)로서의 수행관에 대한 심대한 파괴와 붕괴를 불러오는 시대적 사조(思潮)이며 역사적 시운(時運)이기 때문에 어쩔 수 없는 것이다. 14)

79. 사실 쿤달리니라고 하는 것은 생각들의 덩어리, 또는 에너지의 덩어리라고 보아도 무방하다. 물론 쿤달리니는 뱀의 에너지이기 때문에 매우 강력한 독과 약을 가지고 있다. 그리스 철학에서 말하는 파르마콘으로 보면 좋다. 이러한 쿤달리니는 영혼에 새로운 프로그래밍을 가해준다. 그래서 쿤달리니가 올바르게 가동되면 좋은 의식, 건전한 의식, 상쾌함, 쾌활한 의식, 명랑함, 지혜로운 의식, 청량감, 기분 좋음, 활달함, 생기 넘침, 의식고양, 정신고취, 생명력, 진지함, 치열한 열정, 지극한 감성 등등 다양한 방식으로 현현한다.

80. 쿤달리니가 부적절하게 작용하면 인체에 심각한 피해를 유발한다. 그것은 잘못된 사유, 불건전한 견해 등 지견(智見)을 흐리게 한다. 정견과 정사유를 파기하는 것이 바로 쿤달리니 부작용에서 비롯된다. 쿤달리니 부작용과 직결되는 것은 바로 삿된 성에너지와 성욕이다. 일반적으로 중생들은 성에너지와 성욕의

---

13) 죽인 99명이 모두 전생의 악연들이라... 이들은 카르마를 갚아야할 죄인들이다. 순수한 마음의 소유자였던 앙굴리말라는 붓다에 의해 구원받게 된다.
14) 그렇다고 방탕하게 살라는 뜻이 아니라 시대의 불행을 감안해야할 것이다.

결함을 인식할 수 없지만 성자의 반열에 들어가면 매우 철저하게 성욕과 성에너지의 결함과 문제점을 직시하게 된다. 쿤달리니가 몸을 통해서 뱀에서 용으로 승화되면 더 이상 뱀이 되기를 원하지 않는다. 만약 성에너지의 폭발이나 리비도 에너지의 분출을 통해서 쿤달리니가 활성화되었다면 더 이상 성욕이나 리비도 에너지를 건드려서는 안 될 것이다. 이것은 수행자에게는 불문율(不問律)이라는 점을 알아야 한다.15)

81. 쿤달리니는 동심원 모양의 에너지 패턴을 지니고 있는데 이는 마치 뱀이 또아리를 틀고 있는 것에 비교된다. 하나의 쿤달리니가 공간에 투사되면 그 쿤달리니 에너지에 의해서 공간에 아름다운 색상의 무늬가 생겼다가 지워진다. 이와 같은 현상을 통해서 새로운 의식을 얻는다. 쿤달리니 마스터들은 의식의 다양성과 심법(心法:mind rule)의 중요성을 많이 강조한다. 지금 생각해봐도 의식의 명료성, 확장성, 다양성 등은 수행자의 주된 목표가 되어야한다고 생각한다.

82. 그러나 우리 수행자들이 가져야할 중요한 문제의식은 다음과 같다. 쿤달리니를 각성하면 구체적으로 무엇이 좋은가 하는 점이다. 답은 좋을 수도 있고 나쁠 수도 있는데, 좋으면 천재성을 얻는다는 것이고 잘못되면 외도로 빠지거나 사이비교주로 흐르게 된다. 그래서 쿤달리니는 참으로 위험한 것이다. 하지만 수행자가 구더기 무섭다고 장을 못 담가서는 안될 일이다. 목숨을 걸고 바른 마음으로 정진한다면 칸트의 말을 패러프레이즈 해서 말하자면 "나는 나이기 때문에 이와 같이 하지 않을 수 없다"는 수행자 자신만의 우주적 합리성을 깨닫게 될 것이다.

---

15) 물론 깨달은 후 성에 빠지는 것도 운명과 관련된다. 이 부분은 본인의 저서 《오컬트 지혜 390》을 참고하시기 바란다. 운명과 명상에 대한 중요한 내용이 포함되어 있다.

83. 결국 바른 선의지(good will)와 선의도(good intention)를 사용하면 바르게 된다는 고대 연금술적인 격언(아포리즘)을 토대로 결연하고 용감하게, 그리고 비장한 각오로 수행에 정진하는 전사가 되어야 한다. 그래서 라마 크리슈나는 그의 제자 로맹 롤랑에게 "전투의 야영지에서 쫓기는 사슴이 되지 말고 싸우는 용사가 되라"라고 한 것이리라. 이는 바가바드기타의 아르쥬나에게 크리슈나 신이 말한 가르침과 일맥상통하다.

84. 쿤달리니는 위험하고 무서운 것이다. 하지만 수행자는 호랑이를 잡기 위해서는 호랑이 굴에 들어가야 한다. 그래서 백만 명의 적군을 섬멸하는 것보다 자신을 정복한 수행자가 훨씬 더 위대하다고 붓다는 설파하신 것이리라.

85. 여하튼, 쿤달리니는 매우 위험한 것이 사실이나, 그만큼 대가는 있다. 천재의 천재를 능가하는 비상한 두뇌와 문사(文士)적 기질을 발휘하게 된다. 그리고 창조성이나 창의력에서 있어서 두각을 보인다. 이 창조성은 화이트헤드라는 서양철학의 대석학이 《과정과 실재》라는 그의 저서에서 말한 신(God)의 본성이기도 하다. 그만큼 창조성은 중요한데 이 창조성을 일깨우기 위해서는 쿤달리니 각성이 필요하다. 그렇다면 어떻게 쿤달리니를 각성할 것인가? 박광수 선생님이 번역하신 스와미 사라스와티의 저서 《쿤달리니 탄트라》에도 자세한 답이 나온다.

86. 물론 아주 상세한 정보를 얻기 위해서는 실제 쿤달리니 수행을 몸소 체득한 분을 만나봐야 한다. 쿤달리니 명상을 하면 우주의 새로운 차원을 열기도 한다. 필자의 정신계 고수께서는 하나의 우주차원을 만들어 낼 수 있는 힘이 대쿤달리니 파워로부터 나온다고 말씀하시는데 이는 맞는 말이다. 빅뱅이라는

것이 우주를 만들었다고 스티븐 호킹 박사를 위시한 현대과학의 선구자(파이오니어)들이 이야기하는 것처럼 쿤달리니 폭발은 우주의식의 빅뱅(big bang) 역할을 한다. 새로운 의식세계를 창조하는 것이다.

87. 다차원적인 우주구조는 이미 미래 과학과 종교들이 지향해야할 곳이 되어 버렸다. 현대물리학에서는 다세계(multi-world) 이론을 비롯하여 다양한 이론이 개진되고 있으며, 이는 다차원적인 여러 양상의 우주구조가 혼재되어 이 우주공간에 있다는 것이다. 힌두교의 요가수행자나 불가의 석가모니 붓다 교주나 또는 도가(道家)의 선도내공을 통해 대라신선의 경지에 이른 모든 위대하고 탁월한 수행자들은 한결같이 나름대로 고유한 우주세계를 창조하여 그곳에 존재한다. 문제는 이러한 다세계, 다우주, 다차원적인 공간계가 하나로 연결되는 시점에 이제는 와 있다는 것이다. open world 또는 open universe의 시대가 개막되고 있는 것이다.

88. 쿤달리니에서부터 시작하여 타로(tarot) 그리고 카발라와 그노시즘, 수피즘의 무하사바(muhashaba), 티벳의 마하무드라(mahamudra)와 만다라(mandala), 요가의 만트라(mantra), 유가의 주역(周易:I Ching) 모두가 통섭의 길에 놓여있다. 이제 모든 영성문화는 하나로 합일이 되어가고 있다. 화엄경에 나온 데로 상의상존, 상호융섭, 상호회통, 원융무애의 화합과 상생의 우주구조적 모델이 초월적이고 신비적인 차원에서 구축 되어 현상계에 드러나게 될 것이다. 강력한 하나의 영성 금자탑(金字塔)이 이룩될 것이다.

89. 격암유록에는 분명히 청포도인(靑布道人)이 나타나 도(道)의 영성세계를 문화(文化)로 개혁할 것이라고 말하고 있다. 그는 누구인가 하면 신의 아들이라고 하며 신 자체이기도 하다고 한다. 여기서의 그 신에 대한 정의는 쿤달리니

를 심오하게 공부하면 어떤 의미라는 것을 또한 알게 된다.

90. 쿤달리니는 어마어마한 것으로 전세계, 아니 전우주를 파악하기 위한 필수과목이자 도학의 근본에 해당한다. 만약 청포도인이 나타나면 각각의 인내한 선택받은 수행자들에게 새로운 샛별을 나누어준다고 이야기가 전해온다. 샛별은 바로 신선(神仙)들의 약밭이다. 에너지 센터라는 말이다. 이 약밭이 바로 쿤달리니 형태로 화현되어 쓰임(용:用)을 발휘하기도 한다. 체(體)가 바로 샛별이라면 용(用)은 바로 쿤달리니인 것이다.

91. 신선들의 그림이 있는 곳에 동심원이 예사롭게 등장하는 것은 바로 신선들의 비기(秘技)가 바로 이러한 동심원에 존재하기 때문이다. 구름 하나하나에도 신선들이 거하는데 그 구름이 바로 신선들의 약구름인 것이다. 이를 기문진(奇文陳)이라고 하며 이 기틀이 바로 구름이나 동심원에 모사되어 존재하고 그것들이 기문둔갑이나 은둔술, 변신술, 분신술 등 다양한 진법(陳法)을 구사하는 원광력(圓光力)이 된다는 것이다. 사람들이 등산을 하다가 지치면 쉬워서 물을 마시는 것처럼 신선들도 하늘을 날다가 지치면 자신의 구름(손오공도 근두운이라는 구름을 타고다님)에서 약을 얻었다.

92. 이제 시대가 시대이니 비기를 전하고자 이렇게 필자의 정신계 고수님께서 여러 순수한 영성인에게 메시지를 전한다. 황금불(黃金佛)은 바로 신선(神仙)의 또다른 이름이요 별칭인 것이다. 혹 금선(金仙)이라고 들어보았는가? 금선은 금신선을 말하며 금선(金扇:황금빛 부채)을 사용할 수 있는 대신선들을 말한다.

93. 모든 삼라만상은 쿤달리니라는 에너지에 의해서 이루어졌는데, 이러한 금선의 구조까지도 쿤달리니의 변형이다. 실제로 금선(金扇)이라고 하는 금부채

또한 쿤달리니의 일종이다. 새로운 의식으로 새로운 영혼을 만들어 낼 수 있는 무궁무진화 조화경(造化境)을 이룰 수 있는 것이 바로 쿤달리니인 것이다. 쿤달리니는 에너지요 힘의 패턴이다. 패턴하면 무엇이 생각나는가? 바로 우주적인 의식이요 바로 우주적 수리인 역학으로서 주역(周易)이 생각나야할 것이다.

94. 고대 복희씨는 실제로 주역(周易)에 전우주에 대한 프로그래밍을 수록해 놓았다. 그러나 그것이 실패하지는 않을까 두려워 그것을 랜덤하게 무작위로 암호화시켜 함부로 해킹을 못하게 막아놓았다. 그리고 그 주역을 푸는 황금열쇠(the golden key)를 망각 속에 버려버린 것이다. 이제 누군가에 의해서 그 주역의 열쇠를 되찾을 때가 왔으니 그 주역의 열쇠를 되찾는 날 지구와 우주는 평화를 얻고 많은 문제들이 자연스럽게 해결이 될 것이다. 청포도인 그가 답이다.

95. 혹자들은 DNA 구조의 아름다움이 히포크라테스의 지팡이나 헤르메스의 문양과 같이 나선형 구조로 상호교차회합되고 있다는 것을 알 것이다. 이것은 두 마리의 음양사(陰陽巳)가 서로 감싸면서 위로 말아 올라가고 있는 형상과 궤적을 같이 한다. 한마디로 말해서 DNA구조는 우주인이 만들었다고 하는 통설과 그리고 음양사에 의한 쿤달리니가 우주문명의 핵심 키워드라는 것은 이미 잘 알려진 사실이다. 알려진 것에 버그나 바이러스가 침투할 수 있어도 진실은 언제나 드러나게 마련이다. 가장 보편적으로 많이 퍼져 상식화된 내용은 존재로 현현하게 된다. 생각이 미래를 만들고 생각이 우주를 건립하고 건설한다. 주역은 DNA만큼 아름다운 64괘의 구조를 갖추고 있으며 새로운 우주를 건설하는데 매우 좋은 약밭을 제공한다. 쿤달리니, 프로그래밍 그리고 DNA, 주역(周易) 모두가 인류의 죄의식을 타파하고 죄업(sin karma)을 청산하기 위해서 우주적 초절정 고수께서 마련한 것이리라!

96. 필자는 우주의 막후 정보를 지닌 우주 초절정 고수님을 만나 뵙기 위해서 10번 이상의 피눈물 나는 고행을 하였다. 우주의 기라성같은 고수님들께서는 항상 수행자들을 지켜보면서 새로운 비밀과 가르침을 전수하려고 노력하신다. 하지만 인내와 인욕의 시험들을 포함하여 다양하고 다채로운 시험을 극복해야 얻어질 수 있는 것이 우주의 창조자와 조물주의 가르침인 것이다.

97. 실제로 카발라의 기하학적 모델이나 피타고라스의 수비학 (numerology) 은 모두 하나의 뿌리에 두고 있으며 이집트 문명의 대지를 샅샅이 공부해야 알 수 있는 것이다. 그래서 풍수지리(風水地理)를 동양에서는 중시한 것이다. 우주 대자연의 이치는 천문 (天文), 인문(人文), 지문(地文)으로 구성된다. 피라미드 와 같은 기하학의 구조가 이 우주적 삼라만상의 어떤 투사체인가를 이해하는 것으로도 주역의 64괘상을 이해할 수 있다. 화이트헤드가 《근대 세계와 서양 사상》에서 말한 바대로 "여기 있는 것이 저기에 있고, 저기 있는 것이 여기에 있다" 는 가르침은 바로 우주적 명언인 것이다. 쿤달리니의 변형은 에너지의 변형이므로 카발라의 기하학적 모형(이를 양자역학의 원자, 전자, 광자, 쿼크 등의 소립자들의 우주모형과 비교함)에서부터 수비학과 피라미드 등의 건축 조형물에 이르기까지 모든 곳에 퍼져있다. 양자역학에서는 건축물에 대한 설계도가 그려진 커다란 확률도표 위에 벽돌들을 던지기만 하면 그 도표에 맞추어 벽돌들이 자유롭게 건물을 구축한다고 이야기한다. 양자역학은 마법이지만 그 마법은 바로 에너지로부터 비롯된다.

98. 이 우주는 에너지의 화현이다. 그래서 에너지를 잘못 쓰면 사망이요 에너지를 잘 쓰면 천국인 것이다. 이것이 바로 모든 종교를 초월한 가르침이고 이 가르침의 핵심이자 요체는 많이 아는 것에 있는 것이 아니라 작은 앎이라도 끝

까지 인내하면서 실천하는데 있는 것이다. 죄의식이 든다면 반성하고 참회하고 회개하라! 그리고 마음에 지저분한 의식과 불안 그리고 두려움이 일어난다면 그 생각을 좇아 무엇이 잘못되었는지 상황과 사건을 판단하라! 남이 잘되도록 도와주라. 남을 감방에 보내려고 하는 마음이 들었다면 그 마음을 돌려라. 그렇지 않으면 자신도 감방에 가게 될 것이다. 이는 매우 무시무시한 쿤달리니 순환을 의미한다. 우리는 하나이기 때문이다.

99. We are the One! 즉 우리는 한 분의 아들이요 그 분이란 뜻이다. 쿤달리니는 하나의 에너지로서 분명이 필자의 정신계 고수님께서 말씀하신 것처럼 동심원 구조로 이루어져 있다. 가장 가운데 파문이 엉터리면 그 밖의 파문도 엉터리인 것이다. 최정중앙의 동심원에 해당하는 신(God)이 죄를 지으면 저 먼 끝 가장자리에 있는 힘없는 동심원에 해당하는 백성들도 죄를 짓게 되는 것이다. 약에 독을 타면 그렇게 되는 것이리라. 이는 매우 무시무시한 사실이다. 따라서 쿤달리니라는 수행을 하기 전에는 올바른 마음이 터전을 잡아야 한다. 마음의 밭이 올바르지 않고서는 어찌 쿤달리니라는 열매를 얻을 수 있겠는가? 아버지가 죄를 지었다고 고발한다면 그 아들도 죄를 짓는 것이리라. 아들이 죄를 지었다고 고발하면 그 아버지도 죄를 짓는 것이리라. 그래서 우주적 영혼이 인드라망처럼 연결되어 있는 아버지와 아들은 우주적 천륜으로 맺어져 있는 것이라는 사실을 알고 또 알아야할 것이다. 우주적 천륜은 거스를 수 없는 우주적 슬픔이요, 생존의 대명제임을 명지(明知)해야 할 것이다.

100. 쿤달리니는 모든 인류문명의 영성기원이다. 또한 카발라의 생명의 나무(the tree of life)가 10개의 세피라로 구성되어 있다는 것도 쿤달리니 에너지 센터들의 모임과 같이 한 분의 조물주의 섭리에 의해 이 지구의 영성문화가 퍼져있다는 것을 말해준다.

101. 많은 도인들이 비록 죄를 짓지만 올바른 마음으로 길을 걸었던 수행자라면 그가 오히려 일반 오욕락과 탐, 진, 치 중생심에 의해 현대 컴퓨터 문명의 개척자인 폰 노이만 교수가 창안한 오토마타식의 맴돌이를 하는 중생들보다는 더 값어치 있다는 필자의 정신계 스승의 가르침을 다시 한 번 강조한다. 지금이라도 발을 헛딛은 수행자라면 부디 회생하여 밀라래빠 성자(聖者)처럼 전화위복으로 좋은 길을 걸어갔으면 희망한다.

102. 소크라테스께서 갈파하신 "죄를 미워하지 사람을 미워해서는 안 된다"는 가르침이 오늘도 필자의 마음 깊이 파고든다. 다시는 피눈물이 영성인들에게 더 이상 존재하지 않은 상태로 우주적 창력(昌歷)이 건재(健在)하기를 기원한다.

103. 쿤달리니는 진화의 힘으로 의식과 무의식을 지배하는 힘이다. 무의식에서 시작하지만 의식을 각성시켜 의식과 무의식의 파워를 형성한다. 쉽게 말해서 쿤달리니는 몸의 기력과 마음의 정신력을 강화시킨다. 몸은 무의식으로서 잠재된 에너지를 지니고 있고 마음은 의식으로서 쿤달리니의 발현이다. 쿤달리니는 의식을 통해서 확장된다. 내가 알게 모르게 타인에게 에너지를 전수하거나 전달하는 것은 쿤달리니의 힘 때문이다.

104. 쿤달리니는 전기 에너지로 천왕성과 연관된다. 천왕성은 우레너스라는 별로 번개, 전기, 그리고 섬광과 인연이 있다. 따라서 쿤달리니는 갑작스럽게 찾아오는 힘으로 우리가 모르는 상태에서 쿤달리니를 각성하게 된다. 쿤달리니는 무의식에 잠재된 힘으로서 우주적 생명 에너지다. 고차원 에너지로서 순수한 에너지가 전기체로서의 쿤달리니이다. 인체의 기맥 중 슈슘나라고 하는 중앙의

기맥은 전기 에너지를 유통시킨다.

105. 쿤달리니가 각성된 사람은 자아를 보다 잘 운영할 수 있다. 자아는 마인드셋을 구성하는 기본요소로서 인간의 성격, 개성, 그리고 특성을 나타낸다. 마인드 셋은 자아들로 구성된 마음의 군으로 특정 환경에 따라 변화한다. 예를 들어 공부할 때는 공부와 관련된 자아들로 마인드 셋이 구성되고 운동할 때는 운동과 관련된 자아들로 마인드 셋이 구성되며 레크리에이션 타임에는 레크리에이션에 맞는 놀이와 관련된 자아들로 마인드셋이 구성된다. 자신의 사주나 점성술 차트에 특정 자아들이 없거나 부실하다면 그 능력을 쓸 수 없다. 즉 공부를 잘하기 위한 마인드셋을 구성하려면 머큐리가 잘 배치되어야 하고 주피터도 잘 배치되어야 한다. 운동을 잘하기 위한 마인드셋을 구성하려면 마스가 잘 배치되어야 한다. 여하튼 자아가 없이는 제대로 된 능력을 쓸 수 없다.

106. 쿤달리니는 자아에 에너지를 쏟아 붓는다. 쿤달리니는 차크라와 연관되어 있기 때문에 차크라가 각성되기 위해서는 쿤달리니 에너지가 필요하다. 따라서 쿤달리니가 각성된 사람은 차크라가 잘 활성화 된다. 차크라가 각성되고 활성화되면 그에 해당하는 자아들도 활성화되고 에너지를 받는다. 마스 자아는 3번 차크라와 관련되기 때문에 3번 차크라가 각성된 사람은 마스 자아가 제대로 활용되고 역할을 한다. 마찬가지로 1번 차크라는 물질 차크라로서 토성과 연관된다. 따라서 물질에 관련된 자아들은 1번 차크라가 발달된 사람들에게 잘 활용되어 진다. 1번 차크라가 발달하면 물질에 대한 지배력과 관리능력이 뛰어나기 때문에 물질 자아들을 효과적으로 관리한다. 쉽게 말해서 물라다라가 강화된 사람은 물질 자아를 잘 활용한다는 뜻이다.

107. 쿤달리니는 에너지요 차크라는 에너지 센터이다. 차크라는 컴퓨터로 비교

하면 처리 장치이다. 에너지를 처리하는 장치이다. 따라서 차크라에는 신들이 있고 신들이 차크라를 주관한다. 차크라가 강하고 건전하고 양호하려면 신들이 건강해야 된다. 따라서 신들에게 에너지를 주입하는 쿤달리니 각성은 매우 중요하다. 쿤달리니가 각성되지 않아 양질의 전기 에너지가 공급되지 않으면 차크라는 닫히거나 활성화되지 않는다. 따라서 마음을 구성하는 자아들이 힘을 얻지 못한다. 이렇게 보면 된다. 차크라가 강한 사람은 자아들의 능력을 몇 배 확장하고 중대시킨다. 그러나 차크라가 약하거나 닫힌 사람은 자아들의 능력을 제대로 활용하지 못한다.

108. 자아들의 종류가 다양한 것처럼 차크라의 종류도 8 가지로 다양하다. 사주팔자에서는 갑을병정무기경신임계(甲乙丙丁戊己庚辛壬癸), 그리고 자축인묘진사오미신유술해(子丑寅卯辰巳午未申酉戌亥)의 10간 12지지를 거론한다. 점성술에서는 태양, 달, 수성, 금성, 화성, 목성, 토성, 천왕성, 해왕성, 명왕성 그리고 에리즈, 토러스, 제머나이, 캔서, 리오, 버고, 리브라, 스코피오, 쎄지테리어스, 캐프리컨, 어퀘리어스, 파이시스의 10행성 12싸인을 이야기 한다. 즉 동양의 사주명리학이나 서양의 점성술이나 모두 22가지 자아들을 이야기 한다. 기본적으로 운명학에서 이야기하는 22가지 자아들은 인간의 개성과 성격을 규정하며 마인드셋을 구성하는 기본요소이다.

109. 물라다라 차크라는 물질 차크라로서 토성의 지배를 받는다. 토성은 물질의 힘을 지닌 별로서 1번 차크라인 물라다라 차크라를 다스린다. 우리가 살아가면서 만나는 사람들을 보면 돈을 아껴쓰고 의식주 문제에 신경을 많이 쓰며 자신의 능력과 토대를 건실하게 다진다. 이러한 사람들이 바로 물질에 대한 지배력이 강한 사람들이다. 반면 물질을 낭비하고 방탕하게 사는 사람들은 물질 차크라가 약하고 물질에 대한 지배력이 부실한 사람이다. 따라서 우리가 만나

는 사람이 어떤 사람인지 알려면 그 사람의 말이나 행동 그리고 생각방식을 들여다보면 알 수 있다. 돈 씀씀이가 어떤지 말을 아끼고 삼가는지 그리고 생각이 현실적이고 충실한지에 따라 그 사람의 물질 차크라인 물라다라 차크라가 잘 관리되고 있는지 알 수 있다.

110. 우리의 의식 세계는 마음을 구성하는 힘을 지닌다. 자아들은 바로 마음의 구성 요소이고 이 자아들에 의해서 의식의 수준과 상태가 결정되어 진다. 몸은 무의식으로서 1번 차크라에서 4번 차크라까지 즉 물라다라 차크라부터 아나하타 차크라까지 지배한다. 그러나 5번 차크라인 비슈다 차크라부터 8번 차크라인 후광 차크라까지는 정신의 영역으로 고차원 의식을 지배한다. 우리의 마음은 정신과 물질의 중간계에 위치하며 다소 정신적인 차원에서 작동한다. 따라서 마인드셋이나 정신적 측면은 고차원 의식이라고 볼 수 있다. 우리가 생각을 하고 말을 하고 행동을 하는 것은 마인드셋에 의해서 이루어지고 그곳에 존재하는 자아들에 의해서 이루어진다. 의식에 존재하는 정신적인 자아들과 마음에 존재하는 마인드셋의 자아들은 차이가 있다. 마인드셋은 가슴 즉 물질의 고차원적인 영역에 해당한다. 물질과 몸은 같은 것으로 보지만 마음은 정신과 다르다. 물질이나 몸 위에 마음이 있고 그 수준을 넘어선 곳에 정신과 의식이 있다. 구체적으로 말해서 몸은 1,2,3,4 번 차크라에 해당하고 마음은 4번 차크라 혹은 5번 차크라이다. 그리고 의식으로서 정신은 6번 차크라에 해당하고 그 위의 차크라도 관여한다.

111. 마인드셋을 구성하는 자아들은 그 사람의 의도와 행동을 좌우한다. 마음이라는 것은 다양한 자아로 구성되어 있어서 이렇게 다중 자아식으로 되어있는 마음을 마인드셋이라고 말하는 것이다. 자아들이 4번 차크라나 5번 차크라에 있으면 주로 말과 행동, 그리고 의도를 지배한다. 그러나 생각하고 사유하며

성찰하고 반성하는 기능은 정신의 기능으로 6번 차크라에 주로 해당한다.

112. 쿤달리니가 갑작스럽게 찾아오는 것은 운이 좋아서라기 보다는 때가 되어서이다. 시절인연이 되었기 때문이다. 쿤달리니가 찾아온다고 다 좋은 것은 아니다. 전생의 악업으로 쿤달리니 부작용이 발생할 수 있다. 깔리 상태로 몸에 고통을 겪게 될 수 있다. 물론 운이 좋을 때 쿤달리니가 갑자기 찾아오면 두르가 상태로 몸의 지복을 경험한다. 따라서 쿤달리니가 저주이기도하고 축복이기도 하다. 사람마다 다르고 그 사람의 전생 카르마에 따라 다르다. 치매와 같은 경우는 쿤달리니를 잘못 사용했거나 인생을 악하게 살아서 겪게 되는 악업의 결과이다.

113. 쿤달리니가 각성된 사람은 다중자아를 잘 활용하기 때문에 매우 효과적이고 효율적으로 자신의 자아들을 운용한다. 병든 자아와 불량 자아를 잘 구별할 수 있으며 양호한 자아와 건강한 자아를 잘 활용할 수 있다. 쿤달리니는 힘이다. 자아들에게 에너지를 쏟아 붓는 힘이다. 따라서 쿤달리니가 각성된 사람은 에너지가 넘치고 활기차있다. 쿤달리니는 자아를 각성시키는 파워이기 때문에 자아가 불량한 사람이면 쿤달리니 각성이 좋지 않다. 안 좋은 마음을 지닌 사람이 쿤달리니의 힘을 얻으면 흑마법사같이 변질되거나 타락한다.

114. 따라서 쿤달리니 각성이 무조건 좋은 것이 아니다. 그 사람이 어떤 사람이냐가 중요하다. 전생에 선업을 많이 쌓고 또한 악업이 많아 이번 생에 악업을 쿤달리니 부작용으로 정화하게 될 운명을 갖고 태어난 사람이 있다고 하자. 그는 20여년 동안 쿤달리니 부작용으로 고통받는 삶을 살았다. 절음색증이요 쿤달리니 부작용이요 깔리 상태이다. 몸이 병들고 고통스럽고 수많은 좌절감과 절망을 갖고 살아왔다. 그런데 그의 20년간의 악업이 드디어 끝나 전생의 상

당수의 악업이 청산되었다면 즉 좋은 대운이 오고 이제 악업이 풀렸다면 그는 활력과 건강을 되찾을 것이다. 따라서 두뇌는 총명해지고 말은 지혜로워지고 행동은 올바르게 될 것이다. 그런데 그가 자신의 지력과 지혜를 잘못 사용해서 남아있는 교주카르마에 의해 자신을 교주화시킨다면 그는 그 고생한 세월이 흑마법사를 만들기 위한 안타까운 과정밖에 안 되는 것이다.

115. 인간의 영혼체가 육체를 제외한 하나 이상의 에너지체로 구성되어 있다는 점, 즉 최소한 4개 이상으로 구성되어 있다는 것은 이미 강호의 명상가들에게 잘 알려진 사실이다. 그것은 육체(physical body), 에텔체(ether body), 아스트럴체(astral body) 그리고 멘탈체(mental body) 더 나아가 코절체(causal body)이다. 에너지는 힘을 지닌다. 그 힘이란 의식과 에너지, 정신과 물질의 힘이다. 육체는 흙기운이다. 에텔체는 불기운을 지닌다. 아스트럴체는 물기운을 지니며, 멘탈체는 공기 기운을 지닌다. 끝으로 코절체는 전기체로 이루어진다.

116. 쿤달리니 요가 명상가 아지트 무케르지에 의하면 쿤달리니 요가라고 하는 의식확장 수행을 통하면, 인간은 미세신(微細身)이라고 하는 subtle body와 영혼체 안에 거하는 정신에너지의 중심들 즉 다양한 차원의 차크라들까지 이해하게 된다고 말한다. 의식의 지평을 넓히는 작업을 쿤달리니 요가에서 말하는 의식 확장이라고 한다. 차크라들은 각각 고유한 능력과 기능을 지니고 있다.

117. 여기서 subtle body라고 하는 미세신은 바로 에텔체, 아스트럴체, 멘탈체 그리고 코절체 등과 함께 나디를 포괄하는 내면체이다. 그리고 여기에 7개의 차크라들이 부가된다. 쿤달리니 요가는 쿤달리니-샥티(kundalini shakti)라고 하는 인간 개체(individual) 안에 잠재된 초월적인 몸의(물질적/물리적)

힘(Power)을 깨워내어 이 에너지를 우주적으로 서큘레이션(주천:周天)시키는 행위(Behavior)이다. 즉, 꼬리뼈라고 하는 미저골에 존재하며, 잠재된 상태로 3바퀴 반의 동심원을 형성하고 있는 쿤달리니 샥티를 깨워내어 7개의 차크라를 관통해서 정수리(백회/두정)에 위치한 최종 사하스라라 차크라를 뚫고 밖으로 분출하여 분수처럼 뿜어져 나가게 하는 행법이 쿤달리니 요가인 것이다. 물론 이는 올바른 수행자와 전생과 현생의 많은 복운(福運)과 공덕을 지닌 사람만이 수행효과를 얻게 되는 요가 수행법이다.

118. 중요한 것은 쿤달리니 샥티가 3바퀴 반(3+1/2)을 또아리 틀고 있다는 점과 이 또아리를 틀고 있는 모양이 동심원이라는 것이다. 동심원은 바로 신선(神仙)의 힘이나 우주의 파워를 상징하기도 한다. 쿤달리니 샥티라고 하면 아지트 무케르지가 말한 것처럼, 나선형의 잠재적인 우주에너지라는 점을 생각할 필요가 있다. 또한 아지트 무케르지는 인간 존재 자체가 바로 이러한 쿤달리니 에너지의 현현체이고 개인을 둘러싸고 있는 우주 자체도 다양한 형태로 끊임없이 자신을 드러내 놓는 에너지와 동일한 의식의 결과물이라는 점을 밝히고 있다. 이는 하이데거의 제자 롬바흐 교수가 말한 공창조성(共創造性)으로써 〈인간과 우주〉라는 양자 간의 관계에도 그대로 적용된다. 마스터(마법사)는 서펀트 쿤달리니 파워를 지배(다스림)하고, 서펀트 파워는 마스터를 보호한다.

119. "앙코르와트 사원에 조형화된 삼두 코브라의 비밀"에서 시사하는 것처럼, 코브라의 힘은 서펀트 파워라고 하여 로열 요가를 보여주고 있다. 코브라의 위에, 초신성 만다라, 즉 신성한 기하학을 이루고 있는 우주 창조 템플릿(객체 창조 메소드)이 천상우주계에 묘사되기도 한다. 이는 4-5차원 수학, 즉 수비학에 의해서 크리스탈라이징화 된다. 또한 전우주계의 복합적인 홀리스틱 파워를 하나의 입방적(큐빅) 만다라로 형상화해 놓고 있다. 이 힘이 펼쳐지면

우주 인드라망까지 연결& 접속(link& connecting with)되어, 전 신계(gods/goddesses)들의 힘과 조응하며, 이러한 다층적 신계들이 열도된 것처럼 층상(層象)적 구조를 내면화시킨다. 다차원 신경망 딥러닝 시스템처럼… 우주는 하나의 시스템이다. 쿤달리니 파워를 올바른 자세(의도/뜻)와 순수한 마음(마인드/정성)으로 공부하면 신공(神功)과 정신력 그리고 보이지 않는 신들의 가피를 받는다. 그렇지 않을 경우 쿤달리니 파워는 파괴적으로 작용할 수 있으므로 반드시 스승의 도움을 얻어야 한다.

120. 쿤달리니 각성과 체험은 스승의 도움, 자신의 바른 정진력, 그리고 하늘의 신계(神界), 즉 천상계와 불보살님의 가피가 따라야 한다. 이와 같이 자력(自力)과 타력(他力)의 조화와 균형으로 중도적 입지에서 수련과 공부를 해 나가야 할 것이다. 특히 노자(老子)의 무위법에 따른 자연스러운 삶을 살기 위해서는 마음의 두려움과 두뇌의 스트레스 그리고 물질적/육체적 질병으로부터 자유로워야 한다. 마음의 두려움을 정화하기 위해서는 마음을 수련해야하며, 번뇌와 스트레스를 다스리려면 두뇌의 각성(쿤달리니 각성)이 수반되어야 하며, 물질과 육체의 질병으로부터 자유로워지려면 자신의 전생과 현생의 복덕(福德)을 아끼고 선용하고 잘 다스려야 한다.

121. 쿤달리니 요가 수행의 핵심은 차크라 베다(chakra-beda)라고 하는 '차크라 관통하기'에 있다. 시바의 정신력에 의해서 감화받아 각성된 쿤달리니 샥티는 7개의 인체 차크라들의 기저부, 즉 물라다라 차크라부터 샥티의 힘이 관통함으로써 서펀트 쿤달리니의 관문 통과에 의해 단계별 차크라들을 각성시킨다. 결국 사하스라라 차크라까지 뚫고 통과한다. 궁극적으로는 쿤달리니 샥티가 외부로 빠져나가 폭발을 일으키는 과정을 통해서 인간은 쿤달리니 샥티가 현시하는 '전우주의 참된 모습'을 경험하게 된다. 이것은 참된 의미에서 대

쿤달리니(maha kundalini)의 각성(awakening)이라고 말한다. 대쿤달리니의 각성은 참된 인간 본연의 모습과 전우주가 가리고 있는 신비의 베일을 벗겨 냄으로써 존재의 신비와 우주의 참모습을 대면하게 된다. 그리고 그가 경험한 우주의 진실과 진리를 보게 되고 알게 된다. 결국 이는 우리가 쿤달리니 수행을 통해서 우리 자신과 (쿤달리니가 창조한) 우주가 하나가 되는 체험을 이루도록 도와준다. 우아일체(宇我一體)가 되게 한다. 이때 성통공완(性通功完)의 본연적 의미와 깨달음을 이룬다. 시바의 정신의식을 통해서 샥티라고 하는 물질우주를 깨어내고 각성시켜 전 우주로 현현시키는 과정을 쿤달리니 요가라고 하며, 샥티가 각성되어 깨어나면 경지에 따라 성적인 욕망을 정화하거나 승화시킬 능력을 얻게 된다.

122. 쿤달리니 요가는 인간의 가장 순수하고 지고(至高)한 경험을 얻게 해주는 수행법들 중의 하나이다. 인간 내면에 존재하는 잠재능력을 계발하고 인간의 전-조건을 하나로 통합시키며 더 나아가 창조적 천재성을 일깨워내는데 있다. 중요한 것은 체험에 있다는 점이다. 쿤달리니 요가는 인류애(humanism)를 구현하는데 있어 매우 강력한 역할을 해준다. 모세와 그리스도가 쿤달리니 요가를 수행했고 붓다와 인도 요기들이 쿤달리니 요가 수행을 했다는 것은 이미 잘 알려진 정설이다. 중요한 점은 그 쿤달리니 요가 수행이 어떻게 현상화되고 실체화되느냐에 있다. 한마디로 그것은 어떻게 작용(work)하느냐 이다. 쿤달리니 요가 수행자에 따라 다양한 에너지를 몸에 구비한다. 따라서 쿤달리니 요가 수행자가 얼마만큼 좋은 에너지, 즉 청정에너지를 갖추고 있느냐에 따라 그들의 의식과 무의식 그리고 자기(Self)와 집단무의식 에너지의 성향과 양질이 크게 판가름 난다. 본인이 경험한 바나 높은 도를 얻은 선사(zen master)가 경험한 내용에는 공간진(空間陳) 전체, 즉 선도내공에서 말하는 대천진(大天陳), 그리고 불가(佛家)에서 말하는 여래장이 하나의 복밭이라는 것이다. 즉, 복덕과 공

덕을 구족한 청정에너지의 밭이라는 것이다. 이 공간진, 대천진, 여래장 모두가 쿤달리니 요가수행자라면 궁극적으로 얻게 되는 에너지장이다. 마치 하느님이 농부라는 비유가 있는 것처럼, 쿤달리니 요가 수행자도 농부의 역할을 하게 된다. 즉, 자신의 정화된 신체에너지가 의식, 무의식, 집단무의식, 자기(Self)를 통해서 공간을 뻗어나가 저 멀리에 있는 우리 영혼의 형제들에게도 청정한 에너지를 보급해주는 것이다. 이는 인도 요가 철학에서 말하는 안타카라나(antakarana)와 궤적을 같이 한다.

123. 안타카라나는 인간의 영혼과 신의 신령한 영(holy spirit)간의 교류를 이루게 하는 혼줄이자 영줄이다. 인간은 누구나 청정한 마음을 근거하여 신(God)과 연결되어 있고, 누구나 그리스도의 본성과 불성(佛性)을 지니고 있다. 문제는 그러한 내면의 보물(artifact)을 웬만한 현인이 아니고서는 일깨워내지 못한다는 점이다. 이 보물은 바로 철저한 육바라밀 수행을 통해서 얻어지며 많은 인내와 청정한 삶을 통해서 얻어진다. 물론, 수행 공과(功課)의 점수는 계율만으로 얻는 것이 아니라, 보시, 지계, 인욕, 정진, 선정, 지혜라고 하는 여섯가지 바라밀, 즉 육바라밀 공덕 모두와 인내, 헌신, 희생, 자비, 용서, 관용, 용기 등등의 다양한 도덕률(道德律)과 미덕(virtue)에 의해서 결정된다. 하나만 잘한다고 점수를 얻는 것이 아니다.

124. 어느 쿤달리니 현자가 말한 바대로 인류는 미래에 언젠가 정신의 계발과 정신의 진보 그리고 잠재된 능력을 깨우기 위한 필요성을 느끼게 되고 결국 쿤달리니 요가에 헌신하게 될 것이라고 하였다.

125. 한편 쿤달리니 탄트라(tantra) 요가에서 말하는 탄트라는 몇 가지 언어적 뜻을 지니고 있다. 첫째가 확장이라는 뜻이며, 둘째는 결(texture)라는 뜻이며,

셋째는 흐름이라는 뜻으로도 활용된다. 물론 넷째로 체계라는 뜻으로도 사용할 때가 있다. 중요한 것은 탄트라는 본연적으로 청정한 수행을 통해서 의식을 확장시키는 밀법 수행을 말한다. 우리가 쿤달리니 탄트라라고 쿤달리니와 탄트라를 함께 붙여 말할 때는 바로 우도탄트라를 이야기하는 것이다. 아지트 무케르지에 의하면 우도탄트라를 중시해야한다고 말하고 있으며 일반 쿤달리니 요가 수행자들은 대부분 잘못된 개념으로 성적인 좌도탄트라에 많은 관심을 가짐으로써 올바른 우도탄트라에 대한 정견(正見) 확립이 흔들린다고 설파한다.

126. 중요한 것은 "신은 성욕을 거두어갈 때 거두어간다"[16)는 어느 힌두 요가수행승의 이야기처럼 우리는 무엇인가를 절제는 하더라도 거부하거나 저항감을 갖거나 죄의식에 사로잡혀서는 안 된다. 우리는 흘러가는데로 조용히 관조하고 초연하게 우리에게 일어나는 현상을 바른 견지에서 받아들이면 될 것이다. 한마디로, 여기서 언급하는 탄트라는 우도탄트라로서 인간의 영혼을 강화시키고 확장시키는 시스템적인 요가수행법으로서 쿤달리니 요가수행법 자체가 기교적이고 체계적이기 때문에 쿤달리니 탄트라라고 명명하는 것이다. 탄트라는 단순히 성적인 테크닉을 말하는 것이 아니다. 성적인 쿤달리니는 진기 쿤달리니가 아니다.

127. 하타요가 프라디피카에 의하면 쿤달리니는 눈에 보이지 않는 형태로 마치 뱀처럼 감겨있으며 누구나 샥티를 움직이게 하는 사람만이 진정한 해방을 얻을 것이다라고 전하고 있다. 해탈(moksha)이라고 하는 자유(liberation)를 얻는 것은 매우 중요하다. 이러한 자유를 얻기 위해서 인간은 많은 삶을 윤회해왔고 또한 많은 인연들 속에서 그리고 희로애락과 오욕칠정 속에 해매여 왔다. 쿤달리니 요가 수행은 바로 이러한 자유, 즉 해탈을 얻게 해주는 수행법들

---

16) 사주명리학이라는 운명학에서는 대운이 있다. 수행자에게 대운이 길(吉)하게 바뀌면 성욕도 사라진다.

중의 하나이다. 이러한 해탈은 삼매(samadhi)를 통해서 얻어진다. 아무튼, 쿤달리니 요가는 오욕칠정의 육체적 욕망을 승화시켜 자유를 얻는데 있다. 그래서 쿤달리니 요가 또는 쿤달리니 탄트라를 뷰타-슈디히(bhuta-shudhi)라고 말하기도 한다. 즉 뷰타슈디히는 물질정화라는 뜻이다. 몸을 정화하는 것을 말한다. 이점에서 쿤달리니 요가는 악업(bad karma)을 제거하는데 있는 것이다.

128. 우리가 업(karma)이라고 하면 신(身), 구(口), 의(意) 삼업이 있다. 신업, 구업, 의업이 그것이다. 각각 몸으로 짓는 업, 말로 짓는 업, 그리고 뜻이나 의도로 짓는 업이다. 이렇게 주된 세 가지 업이 안 좋게 작용할 때, 즉 악업으로 표출될 때 인간은 번뇌와 욕망 그리고 죄의식과 역경 속에 놓이게 된다.

129. 요가(yoga)는 길(way)의 교점이며 음양의 합일이다. 요가에는 여러 종류가 있는데, 박티요가(bahkti-yoga)는 신에 대한 사랑과 헌신으로 합일을 이루고, 라자요가(raja-yoga)는 명상을 통해 깨달음을 얻는 방법이고, 카르마(karma-yoga)는 일을 통해 해탈을 얻게 되는 수행법이고 즈나나-요가(jnana yoga)는 명석한 지식으로서 합일에 이르는 반면에, 하타-요가(hatha-yoga)에서는 정신과 신체의 힘을 동시에 개발하는데 목적을 둔다.

130. 아지트 무케르지의 가르침대로 탄트라 수행법인 쿤달리니 요가의 목적은 인체의 꼬리뼈 부근에 잠들어 있는 우주에너지, 쿤달리니 샥티(kundalini shakti)를 일깨워 전우주에 충만해 있는 순수의식인 시바(shiva)와의 합일을 이루게 하는 것이다. 쿤달리니 샥티는 카발라에서는 쉐키나(shekina)라고 하여 음의 에너지를 말한다. 이 음의 에너지, 쿤달리니 샥티를 깨어내어 양의 에너지인 시바 에너지와 합일시키는 것이 쿤달리니 요가인 것이다.[17] 시바에너지

---

17) 물질이 지닌 악과 정신이 지닌 선이 통합되어 하나 되는 요가이다.

는 카발라에서 케테르(kether)라고 한다. 또한 쿤달리니는 순수의식, 순수물질로 말해지기도 한다. 쿤달리니는 본래의 프라크리티이며 다른 무엇도 아닌 시트-샥티(cit-shakti) 즉 순수의식이라고 서술하고 있다. 또한 〈사라다틸라카〉 문헌에는 쿤달리니를 만트라(mantra)에 나타나는 샤브다브라마마이(sabdabrahmamayi:우주음의 근원인 샤브다-브라만:subda-brahman)로 또는 기본음 즉 현현의 근원이라고 말하고 있다. 아지트 무케르지는 이렇게 말한다. "샨스크리트 알파벳의 음절은 단순한 소리의 표기가 아니라 자아를 초월하여 존재하는 모든 잠재된 가능성들이 체현되어 있는 것이다"라고... 이는 히브리어에도 적용된다.

131. 쿤달리니란 시바(shiva)라고 하는 의식과 샥티(shakti)라고 하는 무의식의 합일을 다루는 요가 에너지를 뜻한다. 요가란 yoga로서 '합일', '통합'을 의미한다. '하나됨', '아우름'를 뜻하기도 한다. 여하튼 쿤달리니는 에너지로서 정신과 물질 에너지들을 다룬다. 시바는 정신 에너지이고 의식이며, 샥티는 물질 에너지이며 무의식이다.

132. 시바(shiva)는 정신에너지이자 주로 의식을 뜻한다. 시바신은 바로 시바 의식을 관장하고 주관하는 신성(神性)으로서 신(god)을 뜻한다. 시바신은 남신이기 때문에 남성적 힘을 뜻한다.

133. 샥티(shakti)는 물질에너지이자 주로 무의식을 뜻한다. 물질은 주로 지수화풍 사대(四大) 에너지를 뜻한다. 물질 에너지는 잠재의식 또는 무의식을 관장한다고 말한다. 한편 물질 에너지를 관장하고 주관하는 의식은 무의식이자 잠재의식이다.

134. 쿤달리니 에너지를 공부하는 이유는 여러 가지가 있는데, 정신적 안정과 힘 그리고 자유로운 의식 더 나아가 풍요로운 의식을 향유하는데 있다. 쿤달리니 에너지가 각성되면 의식과 무의식의 심오해지고 광대해진다. 한 마디로 광오(廣澳)해 진다.

135. 쿤달리니 시스템에서 고수와 하수 개념은 기본이다. 다시말해서 쿤달리니와 차크라를 각성시키고 개발하는 것은 하수에서 고수로 업그레이드하기 위함이다. 인체와 정신 다시말해서 영·혼·육(靈魂肉:spirit/soul/body)을 얼마나 잘 이해하고 깨우쳐서 아느냐가 하수와 고수를 구분 짓는다. 쿤달리니 요가에서는 영·혼·육 시스템에 대해서 잘 알고 깨달은 존재가 고수이고 그렇지 못하고 영혼육 시스템에 대한 무지한 존재를 우리는 하수라고 보는 것이다.

136. 하수와 고수를 나누는 것은 방편법이지 차별하기 위해서 구분 짓는 것이 아니다. 누구나 처음은 하수로 시작한다. 잘 모르는 상태에서 시작하기 때문이다. 우주는 전체적으로 진화의 도정에 있다. 하수가 없다면 고수는 존재할 수 없는게 우주의 법칙이다. 하수 시절이 없는 고수는 없다.

137. 하수와 고수의 구분은 얼마나 의식수준이 높고 낮은가에 따라 나눌 뿐 그 이상도 그 이하도 아니다. 중요한 것은 의식수준을 높으려면 하위 차크라가 강해야 한다는 역설적 진리가 내재되어 있다. 다시 말해서 하위 차크라들이 강하다는 것은 하수로서 하위차원의 의식세계에 정통하다는 뜻이다. 하수로서 성실한 삶을 살아본 적이 없다면 고수가 될 수 없다는 영원한 진리를 내포하고 있다.

138. 하수는 하위 차크라들(물라다라, 스와디스타나, 마니퓨라)을 잘 다스리고

경영을 잘 한다. 그러나 반대로 상위 차크라들(아나하타 차크라, 비슈다, 아즈나) 등은 잘 다스리고 관리하기가 어렵다. 그리고 어려워 한다.

139. 고수는 상위 차크라들을 잘 주관하고 다스린다. 아나하타 차크라, 비슈다 차크라, 그리고 아즈나 차크라를 우리는 상위 차크라라고 한다. 그러나 고수는 하수보다 하위 차크라에 대한 관심과 이해가 적다. 그래서 고수들도 초고수가 되기 위해서는 모든 차크라 개발과 각성에 두루 초점을 두어야할 것이다.

140. 하수의 쿤달리니 시스템과 고수의 쿤달리니 시스템은 차이가 있다. 하수는 단순한 쿤달리니 메카니즘을 사용하고 고수는 보다 복잡한 쿤달리니 메카니즘을 사용한다. 고수는 하수보다 정교하고 세밀한 구조로 만들어진 쿤달리니 시스템을 지니고 있다. 고수가 능력과 힘이 좋은 반면 단점은 쿤달리니 부작용을 겪게 되거나 시스템에 손상이 있게 되면 치명타가 크다. 쉽게 복원되기가 어려울 수 있다.

141. 쿤달리니 샥티(kundalini shakti)는 우주 창조의 근원적 힘이다. 왜 그런가? 쿤달리니 샥티는 대모신(大母神)으로 우주의 신들을 창조하는 어머니 신이기 때문이다. 따라서 쿤달리니 샥티는 우주 어머니 신(大女神)으로서 인체의 모든 차크라들을 치유하기도 하고 에너지를 창조하기도 한다. 인체라는 소우주, 즉 물질적 우주인 몸(body)은 어머니 여신 쿤달리니 샥티에 의해 주관되고 관리된다.

142. 또한 쿤달리니 샥티(kudalini shakti)는 과거 자신의 전생과 조상 카르마를 모두 포함하고 있다. 척추속 골수에는 수많은 우주정보와 인체정보가 저장되어 있다고 전한다. 인체의 시스템 설계도를 지니고 있는 것이 쿤달리니 샥

티이다. 이 전생과 조상 카르마 정보를 통해서 이 우주를 설계하고 수정하고 재설계하고 재프로그래밍(re-programming)한다. 정해진 법칙과 틀(template)에 근거하여...

143. 쿤달리니 에너지 시스템의 핵심은 구조와 아키텍처가 조화와 균형을 통해서 기술적이고 아트적[18]으로 성상화(聖像化) 되어 있다는 것이다. 이러한 우주적 설계에 대한 이치와 시스템적 미학을 이해하지 않고서는, 다시 말해서 신성기하(sacred geometry)를 모르고서는 쿤달리니 시스템을 제대로 이해할 수 없다. 신성기하의 기본은 또한 아나사 요가와 하타요가[19]에 있다. 간단하지만 단위기술과 기본적인 유닛파워에너지에 의해서 이 우주가 직조되고 건설된다.

144. 쿤달리니 에너지는 독사(serpent) 에너지로서 점성술에서 전갈자리에 해당한다. 스콜피오(♏) 에너지가 바로 쿤달리니 에너지로서 심층 무의식에 존재한다. 신성기하로 온 몸을 조화롭게 만든 한 마리의 서펀트, 그 독사는 자신을 드래곤으로 환골탈태 시킨다. 그 후 그는 우주를 치유하고 수정하고 재설계한다.

145. 쿤달리니 서펀트의 모양과 형상 그리고 색상 및 소리는 다양하고 다채롭다. 흰 뱀 형상으로 나타나기도 하고 때로는 검은 뱀으로 나타나기도 한다. 초록색 뱀도 있고 푸른색 뱀 그리고 붉은 색 뱀도 있다. 또는 섞여있기도 하고 다채롭고 다양하다. 소리로 다양한 화음을 발성한다.

146. 쿤달리니 샥티는 물질우주, 즉 현상계를 창조하는 근원적 에너지를 지니

---

[18] 아트와 예술은 비너스(♀) 에너지를 지닌다.
[19] 음양요가라고도 하며, 음양조화 혹은 균형 요가를 뜻하기도 한다.

고 있다. 지수화풍 사대 물질 에너지의 설계도를 지니고 있는 핵심이 바로 쿤달리니 샥티이다. 쿤달리니 샥티 여신에게 있어서 이 우주는 그녀의 창조물이다. 그녀는 이 우주를 희열에 찬 상태에서 창조하고 창조물을 치유하기 위해서 많은 인내와 고통을 경험한다. 물론 샥티를 운용하는 수행자는 스스로 치유할 힘을 전생의 수련과 수행을 통해 다져놨기 때문에 가능한 것이다.

147. 쿤달리니 샥티가 자신이 창조한 물질 우주를 잘못 치유하거나 치유할 힘이 부족하면, 정신으로서 시바(shiva) 의식/에너지가 도와준다. 쿤달리니 샥티에게 힘을 부여하고 물질 우주를 치유할 힘을 전달해 준다. 시바가 샥티가 있는 곳으로 하강하는 것은 바로 그 이유이다.

148. 선천기(先天氣)로 구성된 시바에 함장된 빛의 설계도를 보려면 쿤달리니 샥티의 마법을 이해해야 한다. 샥티를 이해하는 것이 곧 시바를 이해하는 것으로 연결되며, 시바를 이해하는 것이 곧 샥티를 이해하는 것으로 이어진다. 상호 뫼비우스띠처럼 시바와 샥티는 맞물려 있다. 서로가 서로를 푸는 열쇠를 가지고 있다. 시바와 샥티를 동시에 이해하는 것이 진리를 이해하는 열쇠이기도 하다. 마법사가 코브라를 통해서 마법의 힘을 연출하는 것처럼, 쿤달리니 의식과 에너지 각성자는 서펀트 파워를 통해서 오컬트적 싯드히(道力)를 얻는다.

149. 본인이 수 십여 년 간 알게 모르게 나름대로 경험하고 배운 쿤달리니 의식/에너지 요가는 특히 정신계(psychesphere)와 영성계(spiritual realm) 등 다양한 각도와 관점에서 조망하고 이해해야 한다. 쿤달리니와 차크라를 공부하는 사람이 정신계와 영성계의 메카니즘과 스키마를 이해하지 못하면 제대로 된 공부를 성취하기 어렵다. 신비철학과 신비지혜 그리고 오컬트적 이해도 필요하다.

150. 서펀트 파워라고 하는 오컬트의 극비(極祕)로 뷰타-슈디히[20]로서의 '물질 정화'를 거론하는데 이는 바로 쿤달리니 요가의 궁극의 추구이자 퀘스트(quest)이다. 즉 쿤달리니 의식/에너지 각성 요가의 궁극적 추구는 바로 물질을 정화하는데 있다. 물질 정화란 무엇인가? 바로 카르마 정화(karma purification)를 뜻한다. 쿤달리니 요가의 정수(essence)는 바로 물질 정화, 다시 말해서 카르마 정화에 있는 것이다.

151. 30여 년 전, 본인은 스승님을 모시고 쿤달리니에 대한 공부를 배웠다. 스승님으로부터 쿤달리니 공부를 마치고 스승님과의 마지막 작별을 앞두고 당신은 중요한 말씀 전해 주셨고, 본인은 그 길로 스승님과 헤어졌다. 이 가르침은 본인이 스승으로부터 몇 년간 배운 쿤달리니 공부에 대한 최종적 지침으로 마음속 깊이 새겨두었다. 오늘 여기에 공개한다. 알고 나면 쉽지만 알기 전까지는 어려운 법이다. 즉 스승님은 본인에게 이렇게 핵심을 전수해 주셨다. "쿤달리니 요가의 목적은 카르마 청산에 있다"고… 결국 위빠사나 명상이나 쿤달리니 요가나 모든 수행법의 근저에는 카르마 정화와 청산이 함께 한다는 사실을 알게 된 것이다.

152. 7개의 차크라는 모두 카르마 청산의 차원들(sphere/realm)을 이야기 한다. 물론 8개, 9개에서 22개의 차원까지를 이야기하는 사람도 있다. 더 나아가 수백, 수천 까지 우주계의 극한적 차원들과 초우주적인 미세적 차원들까지 거론하기도 한다. 차원의 수가 어떻든, 표준적으로 알려진 차크라의 차원은 7개이고 여기에 후광 차크라로 8번 차크라를 더 추가한다. 이 7~8개의 차크라는 물질과 정신을 뜻한다.

---

20) bhuta-suddhi라고 한다.

153. 정신과 물질을 정화하는 것이 카르마 청산이자 카르마 정화이다. 이것은 쿤달리니 샥티의 각성과 시바와의 합일을 통해서 성취된다. 8개의 차크라를 모두 정화해 나가면 9번 차크라를 개오(開悟)하게 된다. 고명한 명상가들에게는 9번 차크라가 바로 공성(空性)으로 알려져 있기도 하다. 물질 차크라들의 여왕(퀸/디바)은 바로 샥티이고, 정신 차크라들의 왕(킹/데바/남신)은 시바이다. 샥티와 시바의 만남은 물질과 정신의 합일이다. 이 철학은 인도 요가 사상 뿐만 아니라, 동양의 주역 사상과도 맥(context)을 같이 한다.

154. 샥티는 물질의 힘, 시바는 정신의 힘이다. 쿤달리니 의식/에너지 시스템은 힘의 요가로서 샥티가 시바를 찾아서 상향식(bottom-up) 방법으로 상승하여 하나 되는 합일 프로세스(process)를 말한다. 즉 쿤달리니-샥티는 꼬리뼈 미저골에서 동면한 서펀트(독사)로 잠복된 상태로 있다가 때가 되면 깨어나서 드래곤 파워(dragon power)로 업그레이드 된다. 이는 척추를 상승해 시바를 만나기 위해 모든 척추의 차크라들(물질 차크라/정신 차크라)의 구성요소들을 통합하고 융해해서 빛으로 성화(聖化)하는 일련의 프로세스를 말한다. 물론 그 내밀한 내면적 프로세스에서는 척추 내의 상승하강이 무한 반복되면서 빛은 완성된다. 척추 요가라고 할 정도로 토성($\hbar$) 에너지를 강하게 받는 명상이다. 시스템적인 요가이기도 하다는 점에서 굉장히 전통적인 요가가 바로 쿤달리니 의식/에너지 시스템 요가이다.

155. 고명한 파라마한사 요가난다의 제자분들 중 한 분이 쓴 책에는 'super consciousness' 란 타이틀의 서적이 있다. 이 책은 '초의식'으로 번역되는데, 과거 본인이 융심리학을 아무리 공부해도 초의식이라는 단어는 찾아볼 수 없었다. 융심리학에는 무의식, 심층무의식, 개인무의식, 집단무의식이라는 용어

는 있다. 요가 명상에서는 보다 미세한 차원들로 이 의식세계를 분리하고 분할 하며 쪼갠다. 다차원적으로 분석하는데 있어서 요가명상은 심리학보다 탁월하 다. 요가는 버고(㎖)적인 통찰로 심층세계를 파악하고 꿰뚫어 본다. 요가명상에 서는 의식의 차원을 기본적으로 물라하드라 차크라에서부터 사하스라라 차크 라 그리고 후광(後光) 차크라까지 8개로 나눈다. 초의식은 7번째 사하스라라 차크라 분야로 상정한다.

156. 쿤달리니와 차크라 공부를 많이 할수록 결과적으로 초의식의 각성과 순수의식의 각성으로 이어진다. 초의식은 7번 사하스라라 차크라, 순수의식은 8번 후광 차크라로 상정해볼 수 있다.

157. 요가명상에서 초의식(super consciousness)은 현상계를 비추어 보는 시각(view)을 뜻하고 전체적으로 자신의 삶을 지켜보는 '눈(eye)'으로 본다. 흔히 알려진 위빠사나 명상법에서 주시자로서 바로 현자(seer)의 알아차림이 그것이다. 물론 7대 에너지체 마다 눈이 있으나, 여기서는 코절체 이상 우주체에 존재하는 눈(eye)를 의미한다.

158. 쿤달리니와 차크라의 이론적 체계를 잡는 것은 우리의 정신과 육체의 건강을 구조적이고 구성적으로 지지해주고 지원해 준다. 초의식과 순수의식은 인간의 정신을 밝고 건강하게 만들어 준다. 초의식의 성향과 특성은 전체를 알아차리고 통찰한다. 순수의식은 모든 잡념들을 지우고 긍정적으로 생각하고 헤아린다.

159. 사주팔자나 대운세운은 변화하지 않는다. 태어날 때 고정되어 버렸기 때문이다. 단지 태어날 때 우리에게 주어진다. 인간 코절체 속 아뢰야식에 사주

팔자 코드가 기록되어 태어나듯이 말이다. 인간이 성장하면서 인식과 이해를 갖게 되면서부터는 사주팔자와 대·세운이 어떻게 현상계에서 사람들과 사물들을 통해 사건과 상황을 일으키는지 주시하는 게 필요하다. 사주와 대세운의 상호작용, 특히 합충변화에 의해서 사건이 종종 발생하는데 사건 발생 자체보다도 우리가 사건상황을 어떠한 마음을 가지고 준비하고 대처하느냐가 더 중요하다고 본다.

160. 왜냐하면 우리가 경험하는 사건들은 우리 내면의 자아들의 연기이므로 사건과 상황을 정리하고 회수하고 정화하는 것은 우리의 몫이 되는 것이다. 자아들이 일으키는 현상계의 상황과 사건들에 대해서 우리가 책임을 다해 이해하고 분석하고 경험하여 그 카르마들을 소화해내거나 정화하지 못한다면 그 자아들은 다시 반복적으로 우리를 괴롭힐 것이다. 그리고 자아들의 상호작용과 시공간의 천지인(天地人) 인연에 따라 카르마는 풀리고 정화되고 더 나아가 새로운 배움을 가져다준다. 합충변화는 자아들의 합이자 충이다. 자아들은 바로 우리의 시공간을 형성하는 주인이고 말이다. 자아가 어떻게 의식화되느냐에 따라 시공간에 대한 이해가 바뀌고 경험이 바뀐다. 그리고 자아의 특성에 따라 그 경험이 순간적으로 사라지기도 한다. 자아는 시간과 공간을 창조하는 힘이 있다. 그 자아의 수준에 따라 창조되는 환경이 다를 수 있다. 자아가 병들면(사주의 기신), 이에 해당하는 부분이 고통을 준다. 그것은 시공간과 인연법을 통해서 우리에게 고통을 준다. 이 문제를 해결하는 것이 공부인 것이다.

161. 사주팔자 8글자와 대·세운 글자들은 모두 사건과 상황을 일으키는 신들(여신/남신)이다. 이러한 신들의 작용을 통해서 사건과 상황을 경험하게 된다. 사주팔자의 용신은 신들이 제대로 훌륭하게 작용하고 있다는 뜻이고 그 반대로 기신은 신들이 잘못 작용하고 있다는 뜻이다. 자아들의 힘은 자신을 현상계에

드러내고 자신을 현상계에서 회수해 간다. 이러한 우주의 확장과 수축 작용을 쿤달리니 에너지 작용이라고 한다. 실제로 寅木이 용신일 때 기신 申金이 와서 충을 하면 寅木에 해당하는 자아(사건과 상황)가 파괴되면서 마음의 상처를 가져다 준다. 申金은 새로운 자아를 형성시키면서 전체의식에 찜찜함을 가져다 주는 것이다. 마음에서 申金이 오는 것을 막을 수는 없지만 寅木 에너지를 되도록 쓰지 말고 수(水)에너지를 사용해서 통관하면 보다 좋은 효과를 얻을 수 있다. 자아들 중에 수(水)에너지의 자아를 사용하면 된다. 자아들의 행위를 바꾸기 위해서는 무의식의 코드를 재프로그래밍하면 된다. 상위차원에서 사주팔자 코드를 포월(包超)한 리프로그래밍을 조용히 명상하면서 하면 처음에는 안 되지만 조금씩 먹힌다. 그래서 자신의 나쁜 습관도 교정하는게 어느 정도 가능하다. 나는 이러한 종류의 사람은 만나고 싶지 않다고 마음먹고 리프로그래밍 하면 그러한 종류의 사람은 만나지 않게 된다. 만나서 크게 영향을 못주게 된다. 이를 본인은 자아 리프로그래밍을 통해서 충분히 경험해 보았고 그 결과를 말씀드리는 것이다.

162. 한편 그러면 왜 용신과 기신의 흐름이 주어져 인간사가 희로애락 속에 살아가야 하는가?라고 물을 수 있다. 그것은 전생부터 우리가 받아야할 카르마가 있다는 것이고, 그 카르마를 통해서 우리의 내면 자아들을 역동적으로 활성화시키고 신들의 작용을 통해 엘릭서(spirit)를 창조하는데 있다. 특히 공업이라고 하여 집단 카르마는 하늘에서 내려올 때 우리들이 서로 짜고 내려온 각본이라고 보면 된다. 순수자아들로 온몸과 온마음이 채워지기 전까지는 공업(shared karma)의 각본조정은 불가능하다. 그리고 순수자아로 깨어나가는 과정을 통해서 공업도 조정된다. 사주팔자끼리 연결되어 있는 게 바로 공업이다. 공업은 리프로그래밍에 의해서 해결하기 어렵다. 공업은 강물이 흘러가는 것처럼 자연스럽게 받아들여야 한다. 공업을 재프로그래밍하는 것은 집단과 사회와

민족 전체가 바뀌지 않는 이상 거의 불가능하다고 본다.

163. 자아들의 내면화과정과 외면화과정은 모두 영혼의 성장과 진화를 목적으로 한다. 상황과 사건을 흡수하는 것도 자아들의 역할이요, 상황과 사건을 창조하는 것도 자아들의 역할이다. 이러한 역할게임 속에서 그 법들이 모여 있는 것은 바로 두뇌의 미세신에 들어있는 사주팔자 코드가 되는 것이다. 두뇌의 아뢰야식과 코절체 미세신에 들어있는 코드들이 정화되면 몸과 마음이 편안해 지고 인연법이 아름다워진다. 그러나 코드들이 탁해지거나 파괴되면 몸과 마음이 피폐해지고 인연법이 괴로움을 가져다 준다. 사주팔자 코드는 인간이 지각하고 인식하고 이해하고 판단하고 행동하는 원리들(법칙들)의 집합이다. 물론 이 사주팔자 코드는 상위 차원에 속하지만 더 근원적인 차원이 존재한다. 그것은 순수의식, 순수한 마음이다. 사주팔자를 극복하는 힘은 순수한 마음을 따라 사는 것이다. 팔정도(八正道)가 그것이다.

164. 팔정도에 맞추어 살면 사주팔자의 험난함과 고해로부터 어느 정도 벗어날 수 있다. 착하게 사는 게 아니라 바르게 살아야 한다. 선악에 치중하지 말고 중도를 지켜야하겠다. 자아 리프로그래밍도 결국 팔정도와 중도(中道)에 근거해서 행해져야 할 것이다.

165. 쿤달리니와 차크라 요가는 우리 몸에 존재하는 정기(精氣)를 활용하여, 신(神)을 각성시키고 극대화하는데 있다. 정기(精氣)란 바로 샥티(shakti)를 말하고, 신(神)이란 시바(shiva)를 뜻한다.

166. 샥티(shakti)는 지수화풍 물질 에너지이며, 정기(精氣)에 해당한다. 정(精에)는 흙과 물이 속하고 기(氣)에는 공기와 불이 해당한다. 정기를 강화시키는

것은 육체와 물질 그리고 자신의 환경을 강화하는 것이다.

167. 시바는 정신 에너지이며, 고차무의식, 의식, 초의식 그리고 순수의식에 해당한다. 의식의 차원들을 하나하나 공부해 나감으로써 해당 차원의 카르마들은 차원적 인생을 통해 정화하고 치유된다. 중요한 것은 8대 차크라들마다 해당 차크라에 상응하는 카르마가 존재한다는 것이다.

168. 1번 차크라는 물라다라 차크라고 물질 카르마가 관련된다. 1번 차크라의 악업(bad karma)을 정화하고 청산하기 위해서는 물질을 선한(순수한) 마음으로 선한(순수한) 사람에게 베풀어야 한다. 또한 순수한 베품이 되려면 베풀고 베풀었다는 마음에 집착해서는 안 된다. 이를 보시(報施)라고 한다. 전생의 악한 행위에 대한 카르마를 갚는 법이다.

169. 2번 차크라는 스와디스타나 차크라로서 성/분별/이원성 카르마와 관련된다. 2번 차크라의 악업은 남에게 성적 욕망을 가하거나 분별을 일으키거나 선악에 휘말려 살게 되어 발생한 카르마이다. 이러한 카르마를 정화하고 치유하기 위해서는 이성(異性)을 순수하게 이해하고 도와주어야 한다. 그리고 분별을 나쁘게 사용하거나 오용하지 말아야 한다. 자신의 대극으로서 상대방(남편 또는 아내)을 잘 다스리고 처신해야 이 카르마가 사라진다.

170. 3번 차크라는 마니퓨라 차크라로서 용기/의지/에고 카르마와 관련된다. 3번 차크라를 정화하고 치유하면 잘못된 폭력, 지나친 에고로 인해 상대방에게 준 피해의식, 남들의 의지를 꺾어버린 행위 등의 카르마가 청산된다. 주로 무력과 힘으로 남을 제압하거나 위협했던 그 카르마도 정화된다.

171. 4번 차크라는 아나하타 차크라에 해당한다. 아나하타 차크라와 관련된 카르마로는 지나친 사랑과 그릇된 자비, 어리석은 동정을 뜻한다. 남을 너무 지나치게 사랑하거나 자비를 너무 베풀었다면 그것도 카르마가 된다. 그리고 사랑을 주지 않고 냉정하게 철면피같이 삶을 산사람도 아나하타 차크라가 막힌다. 카르마의 발생에서 기인한다. 차크라가 열리면 카르마가 정화되고, 카르마가 정화되면 차크라가 개화(開花)한다. 차크라가 꽃피면 활성화되어 차크라가 적절한 기능과 역할을 수행한다.

172. 5번 차크라는 비슈다 차크라에 해당한다. 비슈다 차크라는 목 차크라로서 비너스(우) 여신의 에너지에 상응한다. 5번 차크라는 전생에 소리나 말로서 남을 부정적으로 만들어 놓았거나, 나쁜 말, 부정적 말을 발성해서 피해를 준 카르마에 상응한다. 소리나 말로서 상대방에게 피해를 주었다면 그 카르마를 받게 된다. 이를 정화하기 위해서는 고운 말, 조용함, 침묵, 차분한 에너지가 필요하다. 남을 잘 조언해주고 지도해주고 좋은 조언과 긍정적 멘토를 해주면 벗어날 수 있다. 타로카드 5번 교황도 이 5번 비슈다 차크라와 연관있다.

173. 6번 차크라는 아즈나 차크라에 해당한다. 아즈나 차크라가 문제가 생긴 것은 전생에 지식이나 앎을 잘못 활용했기 때문이다. 특히 남에게 지식이나 정보로 사기를 쳤을 때 이 번생에 아즈나가 고장나거나 버그가 발생하는 카르마가 준동하게 된다. 이를 치유하고 수정하기 위해서는 올바른 사유와 생각을 자주 하고 양서(良書)21)를 정독하여 잘못된 아즈나 차크라의 오류를 치유하는 작업(work)이 요구된다.

174. 7번 차크라는 사하스라라 차크라이다. 사하스라라 차크라가 고장나면 전

---

21) 일반 세속서가 아니라 종교, 영성, 신비서

체적인 수읽기와 총체적 사유가 막히고 차단당한다. 하늘로부터 메시지를 못 받으며, 제대로 된 메시지나 사명을 받지 못하고 전생에 사하스라라 차크라를 잘못 사용한 적이 있다면, 오히려 마구니에게 혼란스러운 정보를 받게 되어 치명적 상태에 빠지게 된다. 자신이 마군과 협력을 한 전생기록이 우주정보 시스템[22])에 기록되어 있기 때문에 운이 안 좋아지고 때가 준동하며 사하스라라에 문제가 생긴다.

175. 코샤(kosha)라고 하는 인간의 육체 외면에 존재하는 에너지체들이 있다. 쉽게 말해서 육체 외면에 존재하는 보이지 않는 미세 에너지체들을 코샤라고 한다. 보통 7개의 에너지들이 있는 것으로 보는데, 8개, 9개 또는 그 이상의 차원별 에너지체가 존재한다고 회자되기도 한다. 점성학과 타로카드에서는 22차원을 상정한다.[23])

176. 1번 차크라에서 4번 차크라까지를 물질 차크라라고 한다. 차크라 하나하나가 바로 물질계의 차원에 해당한다. 따라서 물질계의 차원들 하나하나를 이해하는데 인생을 다 바쳐야 할 정도로 한 차원 한 차원 모두가 광범위하다. 따라서 정신계의 차원들을 공부하는 데는 더 많은 시간이 투자되어야 한다.

177. 현상계는 정신계와 물질계의 융합적 투사(projection)이다. 따라서 정신계와 물질계의 변화와 흐름을 알려면 내가 서있는 이 자리에서 오감(五感)으로 느껴지고 지각되고 인식되는 현상계를 이해하면 된다. 현상계를 잘 살기 위해서는 물질의 유혹과 정신적 집착으로부터 벗어나야 한다. 물질과 정신에 대한 균형된 시각과 중도적 관점을 견지해야 한다. 물질을 지나치게 중시하는 생각

---

22) 일명, 아카샤 레코드(akasha record)
23) 주로 세븐바디라고 하여 7개의 에너지체를 말한다.

이나 관념은 파괴적이다. 정신에 집착하고 정신만 집착하는 생각이나 관념도 자신을 현실적이지 못하게 한다. 정신과 물질에 대한 균형된 중도적 관점이 요구된다.

178. 주역(I Ching)이나 역학(易學)은 현상계의 시공간 에너지를 지각하고 인식하는 학술이다. 그러나 위빠사나 명상이나 쿤달리니 차크라 시스템 요가는 그 속에 들어있는 카르마를 보고 정화하는데 초점을 둔다. 역학과 점성학, 타로카드가 진단하고 인식하는 툴이라면 명상이나 요가, 그리고 의식/무의식 심층 분석학들은 카르마를 해체하고 정화하는 수련인 것이다.

179. 의식의 차원들은 다양한 신성기하학(sacred geometry)으로 구성되는데, 이 신성기하는 물질과 정신의 형상으로 실제 우주를 모사하고 있다. 차크라마다 고유한 모양과 형상의 도형이 배정되어 있는데 이는 각 차크라에 상응하는 신성기하를 뜻한다. 우주의 기운이 이 차크라에 위치한 도형의 모양을 하고 있는 것이다. 마음으로 도형의 형상 이미지를 상상하고 명상하는 것만으로 해당 차크라가 각성되고 치유되기도 한다. 만다라 명상도 유사하다.

180. 쿤달리니 요가는 자신에게 맞는 하나의 아름다운 신성기하적 꽃(만다라)을 피우는 공부이다. 인생은 하나의 꽃으로 크리스탈라이징된다. 차크라 개화(開花)란 말이 있다. 이는 차크라의 꽃을 피운다는 뜻이다. 차크라는 복숭아 모양으로 꽃을 피우면 아름답다. 특히 연꽃으로 비유하기도 하는데, 차크라마다 색상이 다른 다채로운 연꽃이 핀다. 차크라를 각성시키는 이유는 바로 연꽃처럼 아름다운 에너지체를 창조하기 위함이다. 의식의 개화이자 각성이며 묘락(妙樂)을 얻는 길이다. 물론 건강도 얻게 해 준다.

181. 카르마가 녹고 정화될수록 내면의 신성기하는 만다라 꽃으로 완성된다. 꽃을 피우는 것도 중요하지만 얼마나 아름다운 꽃을 피우는가가 중요하다. 사주명리와 점성학에서는 이러한 인생의 꽃 모양이 설계되어져 있다. 운명에 의해서 꽃은 완성된다. 차크라를 개화시키는 때와 시기도 정해져 있다는 뜻이다. 때가 되어야 차크라도 각성되고 꽃이 핀다. 인생의 봄날은 정해져 있다는 뜻이다. 그 시기와 때가 사람마다 그 사주팔자와 운명에 따라 다르게 설정된다. 누구에게는 봄이 되고, 누구에게는 겨울이 된다.

182. 꽃에서 얼마만큼 어떤 향기가 날지는 붓다의 가르침대로 결정되어 있는 것이 아니라 얼마만큼 자신의 운명을 제대로 활용하고 적극적이고 열심히 자신과 인연들과 함께 노력하고 정진했는가에 의해 성취된다. 누구가나 붓다가 될 수 있는 잠재력과 가능성은 있어도 모두가 붓다가되는 것은 아닌 것과 같다. 꽃을 필 운명은 정해져 있어도, 그 꽃이 얼마나 아름답고 얼마나 향기로운지는 확실히 결정되지 않은 것이다. 그래서 노력과 정성이 그만큼 중요하다고 옛 선인들은 이야기한 것이다.

183. 전생의 공덕과 정진노력이 현생의 성취해야할 과보를 결정해 놓았다. 그러나 현생에 노력하면 그 이상을 얻을 수 있다. 바로 8정도와 명상을 통한 고행 그리고 마음수련과 내면 성찰을 통한 올바른 심법(心法)이 바탕이 된다면 말이다. 마음 한 번 잘 쓰면 우주가 감동하고 하늘이 도와준다. 따라서 운명보다 중요한 것은 순수한 마음으로 어려운 인생을 모질게 뚫고 정진하는 그 아름다운 모습이라고 본다.

184. 신비가(mystics)들 중에는 오컬티스트, 주술사, 마법사, 역술가 등 다양한 존재자들이 있다. 그중 마법사는 다양한 마법과 힐링 능력을 겸비하고 있기

때문에 신비가들 중에서 인기가 높다. 본서의 내용을 여러번 정독해서 보고 마스터하면, 마법사 자체뿐만 아니라 마법사가 되기 위해서 기본적으로 갖추어야 할 소양인 마음(mind)과 심법(mind rule)을 얻고 에너지(energy)와 의식(consciousness)을 숙달하는 방법까지 깨닫는다.

185. 본인의 저서 《카발라 마법과 오컬트 타로》24)에서 언급한 것처럼, 마법(magick)은 '에너지(engery)'를 다루는 술법(術法)이자 오컬트 파워(occult power)이다. 에너지는 동양 선도(仙道)에서 정(精), 기(氣), 신(神)이라고 하는 삼보(三寶)를 뜻한다. 에너지는 우리의 생명과 직결되기 때문에 매우 소중한 힘이다. 이 힘을 잘 사용하는 것이 마법이다. 또한 영혼의 힘을 활용하는 것을 법력이라고 한다. 영혼과 마음의 순수성을 지킨 댓가로 자연스럽게 얻어지는 물질의 힘을 마법이라고 한다. 마음과 에너지를 잘못 사용하면 흑마법(黑魔法)이 되므로 주의해야 한다. 마음을 바르게 사용해서 에너지를 다루는 것을 백마법(white magick)이라고 하며, 마음을 나쁘게(혹은 사악하게) 사용해서 에너지를 다루는 것을 흑마법(black magick)이라고 한다. 백마법은 활인술(活人術)로서 선량한 사람들의 생명을 보호해주고 구원해주는 술법이다. 따라서 백마법을 사용하기 위해서는 마음가짐과 마음씀씀이가 올바르고 훌륭해야 한다. 그리고 백마법은 지혜로운 심법(心法)이 완성되거나 구비된 사람에게만 전수되어져야 한다. 그렇지 않으면 백마법도 흑심법에 의해 흑마법으로 변질되기도 한다.

186. 일반적으로 마법이라고 하면 백마법을 뜻한다. 마법은 선악(善惡)을 구별하는 지혜가 바로 선 사람만이 사용할 수 있는 우주적 힘이다. 우주가 일종의 시공간 에너지로 구성되어 있다고 본다면 마법은 우주를 운용하는 힘이요 법력(法力)이다. 올바르게 사용하는 마법의 힘은 전 우주를 감동케 하고 전 우주와

---

24) 이스턴 드래곤 출판사 간행

그 속의 생명들을 구원하기도 한다. 경이로움과 기적(miracle)은 바로 올바른 마음으로 백마법을 선용(善用)했을 때 성취된다. 물론 잘못 사용하면 마법은 흑마법으로 변질되고 전락되어 우주를 파괴하고 생명을 빼앗아 간다. 그러므로 마법은 위험하고도 강력한 힘이므로 지견(知見)과 정의로움을 갖춘 현자만이 필요할 때만 소중히 선택해서 지혜롭게 활용해야 할 것이다. 마음에 사랑이 있는 마법사만이 마법을 제대로 사용할 수 있다.

187. 비인부전(非人不傳)이라. 선량한 사람이 아니면 전수해서는 안 된다는 것에는 바로 마법도 포함된다. 사람이 아닌 사람, 욕심과 욕망이 가득한 사람에게 마법을 함부로 전수해서는 안 된다. 그는 파괴적으로 마법을 사용하고 개인적 이익을 위해서 사용하기 때문에 사회적으로나 인류를 위해서 좋지 못하다. 아니 사회에 피해를 끼치는 해악이 된다. 마법은 막강한 힘을 내포하고 있어 마법을 사용하면 시공간계의 강력한 에너지를 끌어 쓸 수 있어 잘못 사용되면 굉장한 에너지 낭비를 초래할 수 있다. 마법은 대자연의 힘을 끌어 쓰는 것이기도 하며, 인류의 정신계와 조상신들의 힘을 끌어 쓰는 것이다.

188. 누군가가 이 엄청난 마법의 힘을 사용하기 위해서는 그만한 힘을 사용할 수 있도록 먼저 여러 가지 시험(試驗:test)을 통과해야 한다. 그러나 시험을 통과한 후에 마음을 변심하여 나쁜 목적으로 마법을 사용하기도 하므로 마법을 전수할 때는 조심하고 조심해야 한다. 전수 받는 사람의 의식은 물론 무의식, 초의식속의 숨겨진 의도까지 정확하게 읽어야 한다. 전수받는 사람의 마음에 삿된 마음이나 흑심(黑心)이 있다는 것은 바로 전수하는 사람의 마음에도 교만이 숨겨져 있다는 뜻이다. 따라서 올바르게 마법을 배우거나 전수하기 위해서는 반드시 깨끗하고 순수한 마음을 무의식까지 정화했는지 성찰할 필요가 있다. 배우는 사람이나 전수하는 사람이나 무의식까지 순수한 마음으로 채워져

있어야 마법을 올바르게 이해하고 익힐 수 있다.

189. 특히 중요한 것은 자신은 깨끗하고 청정한 마음으로 마법을 사용한다고 하지만 알고 보면 결과적으로 파괴적으로 사용한 것으로 밝혀질 때도 많다. 그러므로 현재, 과거, 미래를 올바르게 관하고 견지하는 확실하고 견고한 지혜가 구족되기 전까지는 함부로 마법을 사용해서는 안 된다. 그리고 마법의 원리를 함부로 공개하거나 마법의 비밀을 발설해서는 안 된다. 본서는 쿤달리니 마법의 기본적인 내용만을 소개함으로써 이러한 천기누설(天機漏泄)적인 내용은 삼가고자 한다. 또한 독자님들은 본서의 내용은 참고만할 뿐 스스로 많은 명상과 수련을 통해 직접 여러분의 몸과 마음으로 마법의 이치를 깨우쳐 올바른 마법관(魔法觀)을 얻고 현실세계를 보다 긍정적으로 살아나가시길 기원한다. 본서는 쿤달리니 명상가들을 위해, 마법을 이해하고 익히기 위한 초석이자 디딤돌일 뿐이다.

190. 마음을 바르게 쓰기 위해서는 청정한 마음과 올바른 심법 그리고 제 3의 눈의 각성과 타트바(tattva:지수화풍 엘리먼트)에 대한 온전한 이해가 필요하다. 그리고 정신계(psyche realm 또는 psychesphere)와 현상계의 관계성, 전생과 미래생에 대한 이해, 몸과 마음에 존재하는 7대 에너지체, 쿤달리니와 차크라 및 카르마와 다르마에 대한 전반적인 이해가 선결되어야 한다.

191. 시험은 시시각각 실시간으로(real-timely) 일어난다. 시험의 유형은 인간들의 시험, 정신계의 시험, 영성계의 시험으로 여러 부류가 있다. 인간들이 서로 상생과 경쟁을 하면서 선의의 시험을 하기도 한다. 그리고 정신계에서도 전생 카르마와 조상 카르마에 근거하여 서로 시험을 한다. 영성계에서는 순수한 마음을 지향하도록 고차원 존재자들에 의해서 타로마스터에게 시험이 치러 지

기도 한다.

192. 마음의 눈(심안:心眼)이 깨끗하지 않으면 시험을 바로 볼 수 없고, 시험에서 실패하고 떨어진다. 순수한 마음은 심안으로 볼 수 있다. 예로부터 보는 자를 현자(seer)라고 하였다. 순수한 마음은 감정처럼 흔들리지 않는다. 순수한 마음을 청정심(淸淨心)이라고 한다. 순수한 마음은 흔들리지 않는다. 흔들리는 마음은 감정적 마음으로 일명 '감정'이라고 하는 것이다. 그리고 청정한 마음, 순수한 마음과 대비하여 중생심, 탁한 마음이라고 한다. 일반적으로 세속에서 흔히 마인드, 마음이라고 하면 중생심을 뜻한다. 그리고 고집이나 아집은 에고라고 하여 자신의 맹목적 주관과 주체성을 뜻한다.[25] 따라서 감정과 에고는 마음이 아니다. 마음을 가장한 거짓된 마음이라고 할 수 있다. 그러나 인간이기에 필요한 에너지 기능들 중의 하나이다. 에고와 감정이 없다면 인간적 선악과 판단을 하기 어렵다. 그러나 인간을 초월하여 신성한 마음을 얻기 위해서는 에고와 감정에 의지하지 말아야 한다. 에고와 감정을 초월하여 순수한 의식으로 생각하고 헤아릴 때 우리는 신성한 마음으로 나아가며 결국 현자가 되는 것이다. 순수 에너지를 순수마음이라고 하며, 인간적 에너지들 중에 감정적 마음을 인간의 감정이라고 하며, 인간의 자존심이나 고집 그리고 줏대를 에고라고 한다.

193. 에고나 감정은 인간이면 누구나 가지고 있는 인간적 에너지들이다. 하지만, 이러한 에고나 감정은 인간적 한계에서 벗어날 수 없다. 이러한 감정과 에고를 지니고 있는 한 인간들이면 누구나 겪는 희로애락(喜怒哀樂)의 사슬 혹은 사이클을 끊거나 벗어날 수 없게 된다. 타로카드의 지수화풍 물질에너지가 이러한 에고와 감정들 그리고 욕망들을 표현한다. 특히 타로카드가 역방향으로

---

25) 점성술에서는 1번 하우스의 Asc(어센던트)를 뜻한다.

나오면 물질적 욕망 혹은 이기적 욕심을 지니고 있음을 뜻한다.

194. 희로애락의 사슬은 바로 인간에게 고통과 번뇌를 일으키는 낮은 수준의 마음이요 에너지이다. 또한 욕망이 만족되거나 만족되지 않으면 희로애락의 사이클에서 벗어나지 못한다. 만족된다고 해도 그 때 뿐이다. 욕망 자체를 초월해야 희로애락의 사이클에서 벗어날 수 있다. 희로애락의 사이클에서 벗어나지 않고 그 사이클 속에서 희로애락을 즐기는 것이 카르마이다. 타로카드 78장에 들어있는 상징들에 대해서 욕망의 수준과 정도를 공부하는게 또 하나의 타로마스터가 해야할 공부감이다.

195. 인간은 욕망을 지니고 있어 그 욕망에 빠지게 되거나 휘말리게 되고 집착하면 카르마가 되어 결국 고통으로 다가온다. 인간이 지닌 습성 때문에 희로애락의 굴레로부터 쉽게 벗어날 수 없는 것이다. 노력과 인내 그리고 6바라밀 수행을 해야 인간적 한계를 넘어설 수 있다. 6바라밀[26])이란 불가(佛家)의 수행단계로서 보시, 지계, 인욕, 정진, 선정, 지혜라고 할 수 있다.

196. 왜 신(God)은 인간들에게 태어날 때부터 심안(心眼)을 열어주지 않으셨을까? 심안은 마음의 눈으로 카르마를 벗겨버리는 힘이 있다. 만약 탄생 시 심안을 주면 스스로 카르마를 정화하는 자연적이고 순수한 힘을 얻지 못한다. 그냥 얻는 능력은 힘이 약하다. 그리고 모름지기 에너지를 정화하는 힘은 스스로 노력해서 어렵게 얻고 스스로 얻어야 고마운 줄 알고 제대로 조심해서 사용할 수 있는 법이다.

197. 신은 인간들이 스스로 인연 따라 성장하면서 인간적 삶을 통해 단계적으

---

26) 자세하게 하나하나 해설할 것.

로 세상의 덧없음과 무의미함을 체득하도록 하고자 하는 바람이 계시다. 신성한 신의 계시에는 인류가 순수한 마음으로 세상을 경주하고 질주하기를 원하는 뜻이 서려 있다. 괴로움을 겪은 후 하늘의 도움과 자신의 능력이 시절인연이 되어 스스로 심안을 열게 됨으로써 자신의 생명을 사랑할 줄 알고 소중히 생각하게 되며 자생력을 기르게 된다.

198. 결국 신의 사랑은 우리 스스로가 우주에서 인내와 지혜로 살아갈 수 있도록 조용히 지켜봐 주시는데 있는 것이다. 엄마와 아빠가 길에서 넘어져 쓰러진 아이를 직접 일으켜 세워주는 게 아니라 스스로 일어나도록 위로하고 격려해주는 게 더 뜻 깊은 일이라고 본다. 물론 그 아이가 그 정도의 자력이 있다는 전제하에서… 만약 신의 개입이 많거나 지나치면 인간은 자생력을 잃을 뿐만 아니라 신에 대한 사랑을 참견으로 본다. 태어날 때부터 심안(心眼)을 부여하지 않은 것은 오히려 신의 인간들에 대한 지극한 사랑 때문인 것이다.

199. 타로마스터가 심안(心眼)이 열리면 직관리딩이나 통찰력이 늘어 고급 리딩비법을 자유자재로 구사할 수 있다. 본인의 저서 〈타로카드 고급 리딩비법〉에는 수십여가지 리딩법이 실려있다. 타로카드 리딩하는데 기본이 되는 내용이므로 읽지 않으신 독자 여러분은 꼭 참고하시기 바란다.

200. 타로마스터라면 불가(佛家)의 의식/무의식/초의식/순수의식에도 관심을 가져야 한다. 불가에서는 아뢰야식을 거론하는데, 이 아뢰야식은 자신의 개체적 힘만을 말하는 것이 아니라 인연들도 관장한다. 인연들의 펼쳐짐(unfoldness)과 수축(contraction)이 아뢰야식 설계도에 의해서 운용된다. 아뢰야식은 자신의 주(Lord)이신 신성(God:神性)에 의해 관리되어지고 운영되어지는 일종의 시스템 테이블(奇文陣)이다. 아뢰야식은 무엇인가라는 질문에 대한

타로 점단으로 교황 카드가 나왔다. 교황은 바로 전생 카르마와 조상 카르마를 뜻한다.

201. 타로마스터가 되려면 영혼육(sprit/soul/body)의 삼위일체성(trinity)에 대해서 깊이있고 해박하게 알아야 한다. body들로 형성된 물질계는 3차원 법을 따르고, soul들로 구성된 정신계는 4차원 법을 따르며, spirit로 연합된 영성계는 5차원 법을 따른다. 물론 이러한 3/4/5차원 구별법은 본인의 오컬트 학술을 정립하기 위한 표준화된 방편이지 이것이 우주표준은 아님을 밝힌다. 참고로, 우리가 흔히 알고 있는 다르마(dharma)는 5차원 영성계에 속한다.

202. 타로카드나 주역점 그리고 융심리학에서 말하는 정신과 물질의 동시감응성을 뜻하는 법칙, 동시성법칙(synchonicity)은 4차원 법칙을 넘어선 5차원 법칙에 가까운 법칙이다. 4차원을 지배하며 5차원에 거의 맞닿아있다. 반면 3/4차원 법칙은 인과법과 끌어당김과 밀어냄의 법칙들에 의해서 지배된다.

203. 차원마다 법이 다른 것이다. a차원에서는 선악이 구별 되어도 b차원에서는 구별되지 않는다. 한편 카르마의 법칙은 연기법에 기반을 둔다. a가 일어나면 b가 일어나고 a가 사라지면 b도 사라진다.

204. 위빠사나 명상과 인연법의 비밀이 바로 연기법에 숨어있다. 융이 말한 개성화과정이란 바로 불가에서 말하는 해탈을 뜻한다. 불종자가 무르익어 물질계와 정신계로부터 벗어나 영성계로 진입함을 뜻한다. 불종자(Buddha seed)는 초에 비유할 수 있다.

촛몸은 기름이요 물질계다

촛불은 연꽃이요 정신계다
촛빛은 연꽃에서 생하는 화신불이요 영성계다.

205. 영혼의 진화란 개성화과정으로 물질계, 정신계, 영성계로 자기를 확장시켜 나가는 것이다. 대쿤달리니 요가는 자신의 잃어버린 자아들을 하나하나 회복하여 통합하는 것이다. 참나는 엘릭서로 자아(self)들의 온전한 통합을 성취시킨다.

206. 깨달음은 나그네의 여정을 통해서 얻어지는데 바보 타로카드의 여정이 그것이다. 바보는 물질을 먹고 정신을 먹어 성장함에 따라 77개의 타로를 통합한다. 그리하여 0의 온전한 영성을 이룬다.

207. 자아(self)들 중에서 한 자아(self)가 개성화과정을 거쳐(물질->정신->영성으로 진화해 나감) 업그레이드하는 것이 자기(Self)가 되는(becomming) 깨달음 과정이요 개성화과정이다.

208. 그림자 통합은 물질계의 악법(bad self)을 흡수하는 것이다. 즉 악한 자아를 내면으로 통합하는 과정이다. 또한 잃어버린 자아를 되찾아 회수하는 과정이다. 내 마음이 선악을 통합할 힘(내공)이 없다면 악한 자아를 통합할 수 없다. 내면의 힘을 엘릭서로 만들어가는 과정이 호랑이가 되는 과정이다. 그리고 선한 양과 악한 늑대를 하나로 통합하는 과정은 호랑이의 힘을 통해서이다. 상처받은 물질적 자아(에너지, 기운)들을 치유하는 과정이 개성화과정이기도 하다.

209. 군계일학이라고 하여 100만 자아들 중에서 한 자아만이 불종자(佛種子)

이다. 그 불종자가 미운오리새끼이며 나머지 자아들은 병아리일뿐이다. 불종자가 자신의 개성화과정을 마치면 백조가 된다.

210. 불종자가 커지면서 지속적으로 상처받은 자신의 병아리 자아들(선자아, 악자아)을 온전히 치유하고 흡수통합해야 한다. 선악자아들을 성찰하고 통합함으로써 불종자는 확장되고 정신적 자아들의 상처까지 치유하는 단계에 이르면 불종자는 아나하타 차크라에서 터져 나와 시공간세계(현상계)를 뒤엎는다. 이것이 바로 지혜의 눈(法眼)을 얻는 길이다.

211. 깨달음이 현성할 때 중생들을 불쌍하게 여기는 측은지심의 자비심만이 중생들(선악 자아들)을 정화할 내면의 힘을 깨어낸다. 그 내공이 터지면 깨달음이 되는 것이다.

212. 개성화과정의 전모(全貌)는 다음과 같다. 7차크라들을 개성화과정을 통해서 마스터해야 하는데 1번에서 7번의 유혹을 이겨야 한다. 점차로 1번 차크라와 2번 차크라식으로 유혹이 다가오는데 7번 차크라의 유혹을 이기면 다시 더 강하고 집단적인 힘으로 1번 차크라의 유혹이 온다. 차원을 넘어설 때마다 더 강하고 이기기 어려운 유혹과 시험을 겪게 된다.[27] 물질차원 1번~7번은 오복(五福) 욕망이고 정신차원 1번~7번은 오덕(五德) 욕망이다. 영성차원에서는 신들의 세계 종합이며 신들을 구원하지 못하면 영성계의 마스터키를 얻지 못한다.

213. 올림푸스 12신은 정신계의 에너지원에 대한 일반적 모델이다. 정신의 약은 12종류로 이 에너지가 모여야 영성이 무르익어 간다.

---

[27] 이를 도고마성(道高魔盛)이라고 하여 도가 높아지면 마가 날뛰게 된다는 뜻이다.

214. 인간들의 유혹을 이기는 것은 물질계에서 일어나는 사건과 상황을 통해 물질계의 법을 깨닫는 것이며, 신들의 유혹을 이기는 것은 정신계에서 일어나는 사건과 상황을 통해 정신계의 법을 깨닫는 것이며, 마왕의 유혹을 이기는 것은 영성계에서 일어나는 사건과 상황을 통해 영성계의 법을 깨닫는 것이다. 하느님의 시험은 마왕과 마군(사탄)들을 제압하고 그들을 이기라는 뜻이다.

215. 돈이나 의식주 물질은 타로(Tarot)에서는 펜타클(pentacles)이라고 하여 비너스 여신의 상징을 의미한다. 돈이나 의식주는 비너스 여신의 축복을 받을 때 얻어지는 산물이다. 쿤달리니와 차크라 시스템에서 비너스는 스와디스타나(성욕) 차크라를 정화하고 절제해야 얻어지는 힘이다. 바로 비슈다 차크라가 비너스(우) 여신이 주관하고 관장하는 에너지 센터이다.

216. 쿤달리니가 상승과 하강운동을 반복한다는 점에서 오르페우스는 쿤달리니 실패자일지도 모른다. 그의 사랑하는 아내 에우리디케가 죽었을 때, 그는 아내의 죽음을 너무 슬퍼한 나머지, 에우리디케를 데리러 명계를 다녀옴으로써 영웅의 입단식을 체험했다. 대체적으로 영웅과 같은 특별한 힘을 지닌 사람들은 대부분 쿤달리니의 힘을 사용할 줄 아는 사람들이다. 그러나 오르페우스는 아내를 데리고 지상으로 돌가가는 대신 반드시 지켜야 하는 하데스의 금기를 깨뜨렸고, 그의 아내는 다시 저승으로 빨려 들어갔다. 결국 오르페우스는 홀로 지상에 돌아옴으로써 완전한 상승을 이루지 못했고 영웅의 자격을 박탈당했다. 죽음의 신 하데스가 절대 뒤돌아보지 말 것을 당부한 이유는 완전히 새롭게 태어나라는 말에 다름이 아니다. 죽음의 세계를 한번 경험한 사람은 절대로 이전의 자신의 삶으로 돌아갈 수 없다. 그는 부활한 것이기 때문이다. 그에게는 새로운 세계가 열린다. 사랑

에 있어서도 마찬가지다. 그러나 뒤돌아봄으로써 그는 이전의 삶으로 돌아가 버렸고 결과적으로 부활을 거부한 것이 됐다. 두 번째 그가 다시 명계로 내려가려고 시도했을 때 이전에 자신의 음악에 감동했던 카론이 그의 말을 더 이상 들어주지 않은 것은 그가 더 이상 영웅이 아님을, 따라서 그의 음악도 이전과는 달라졌음을 암시한다. 에우리디케와 완전히 분리됨으로써 더 이상 지고의 희열을 느끼지 못하고, 결국 분별심이 지배하는 물질계의 차원에 남겨짐으로써 증오와 사랑의 영역에 머물게 된 오르페우스는 자신을 사랑했던 많은 님프들의 증오심을 막지 못하고 그들에 의해서 비참한 죽음을 당하게 된다.

217. 인간이 비록 살아있더라도 그의 삶은 시시각각으로 삶과 죽음 사이를 오간다. 기억을 곱씹고 과거를 돌아볼 때마다 인간의 생체시계는 거꾸로 돌아간다. 그리고 이때 우리는 스스로 죽음을 선택한 것이다. 과거에 대한 집착은 우리의 의식을 떨어뜨리고 카르마를 초월할 수 있는 기회를 박탈하며 생체 에너지를 낭비하게 한다. 인간은 매 순간, 매 시간마다 삶을 선택할 수도 있고, 죽음을 선택할 수도 있다. 삶을 선택할 때 그는 활력이 넘쳐나고 세포가 살아난다. "Carpe Dium[28]"은 영원한 젊음의 명약인 것이다.

218. 깔리 상태에 떨어진 수행자는 자신이 떨어진 깊이만큼 낮은 곳에서 다시 올라가야 한다. 그러나 만일 수행자가 인내할 수만 있다면 그 바닥이 낮을수록 그를 더 높이 점프하게 하는 발판이 될 수도 있다.

219. 물질이 정신을 향하여 상승할 때 이원성을 지닌 물질의 거칠고 무거운 성질은 통합과 일원성 그리고 통일성을 향한다. 차이와 다름이 지배하

---

28) Seize the day! 현재를 즐겨라.

는 물질계에서 인간은 허점투성이며 나와 타자로 존재한다. 의식이 상승할수록 차이와 구별이 점점 사라진다. 또한 밀도가 높은 물질 세계를 벗어났기 때문에 자유와 평화를 느끼게 되고 이러한 편안함 속에서 창의적 역량이 커진다. 하위 차원에서 절대 용서할 수 없었던 일들이 상위 차원에서는 이해와 용서가 가능하며, 상위 차원으로 올라갈수록 경쟁의식으로부터도 벗어남을 경험하게 된다.

220. 하위 차크라의 세계가 제한, 한계, 압박, 구속, 차이, 다름, 분별심을 특징으로 하는 것은 왜일까? 이것은 물질이 주로 코, 입, 눈, 귀, 손이라는 감각 기관으로 인식되기 때문이다. 오늘날 우리는 물질 사회의 궁극을 경험하고 있다. 정신이 물질에 강하게 영향을 받으며, 사회 분위기는 지나치게 감각을 추구하는 방향으로 흐르고 있다. 이러한 사회에서 물질은 인간의 안전과 안정을 지켜주고 유지해주는 것 그 이상의 자리를 차지한다. 돈이면 다 된다는 사고가 인간을 소모품으로 전락시키기도 한다. 돈으로 물건만 사는 것이 아니라 사랑도 사고 사람도 산다. 물질적 힘이 정신적 역량보다 커지면 물질이 정신을 지배하게 되어 혼란과 무질서에 빠지기 쉽다. 변하는 것이 물질과 감각이기 때문이다.

221. 인간이 죽어서 지옥에 간다는 것은 카르마가 무거워서 그 혼이 몸 아래로 빠져나가는 것을 말한다. 카르마를 많이 정화한 영혼은 가벼워서 그 혼이 머리 위로 빠져나가서 위로 상승한다.

222. 인생지사 새옹지마라는 말이 있다. 좋은 일이 있으면 나쁜 일이 따라오고 나쁜 일이 생기고 나면 좋은 일이 이어진다는 인생의 법칙이다. 물질계의 에너지 움직임은 대체로 포물선의 모형을 따라 활성화 된다. 주식과

부동산에 관련된 경제 법칙을 나타내는 곡선뿐만 아니라 바이오리듬도 비슷한 포물선의 형태를 취한다. 즉 끝까지 올라가면 곧이어 내려가고 바닥을 치면 다시 올라간다. 이것은 현상계의 모든 물질들이 음과 양으로 구성되어 있기 때문에 일어나는 현상이다.

223. 21세기는 물질이 극에 다다른 시대이다. 파이시스 시대를 뒤로 하고 어퀘리어스 시대로 들어선 지금 우리는 거대한 혼동을 경험하고 있다. '아버지가 사라진 시대' 라는 세대적 상실감에서부터 시작해서, 과학과 컴퓨터의 엄청난 발전에서 기인된 기성세대와 신세대 간의 격차와 갈등이 가져온 혼란에 이르기까지... 점성학적으로 어퀘리어스 시대를 지배하는 두 개의 룰러가 쎄턴과 우레너스[29]임을 안다면, 어퀘리어스 시대가 상징하는 바를 짐작할 수 있을 것이다. "질서없는 자유는 방종에 지나지 않는다." 어퀘리어스 시대는 쎄턴과 우레너스간의 간극이 자아내는 혼동과 혼란을 경험하게하게도 하지만 또 그 간격을 훌쩍 뛰어넘기도 하는 퀀텀의 시대다. 점성술의 10대 행성을 7개의 차크라에 각각 배정시켜보면 사하스라 차크라에는 전기체인 우레너스가 배정될 수 있다. 이 전기체가 무한의 각성을 통해 신경망을 뚫고 인체 밖으로 나아감을 경험한 인간은 이제 초월을 노래한다. 그는 특정 사회나 한 국가에 소속된 것이 아니라 우주의 질서에 발 맞추어 걸어간다. 그러나 평범한 중생들은 물질로부터 자유로울수 없다. 따라서 우레너스가 제안하는 끝없는 초월은 초인의 반열에 든 소수의 성인을 제외하고는 거의 불가능하다. 그래서 일반 중생들은 AI를 통해서 초월의 꿈을 이루려할지 모른다.

224. 7가지 차크라는 7가지의 역할과 기능을 수행한다. 1번 차크라는 물질

---

[29] 쎄턴은 제한과 한계, 책임과 의무를 의미하는 반면 우레너스는 자유, 혁신, 초월, 통찰을 의미한다.

을 얻고, 물질로 자신을 보호하여 안락한 삶을 살고자하는 역할과 기능을 수행한다. 2번 차크라는 2세를 갖거나 성적 만족을 얻기 위한 역할과 기능을 수행한다. 3번 차크라는 권력과 힘을 얻고자 한다. 그리고 자신의 꿈과 목적을 성취하기 위한 역할과 기능을 수행한다. 4번 차크라는 인연법을 성립시키고 사랑을 얻고자 하는 역할과 기능을 수행한다. 5번 차크라는 명예를 얻고자하는 역할과 기능을 수행한다. 6번 차크라는 지식과 지혜를 얻고자하는 역할과 기능을 수행한다. 7번 차크라는 사유의 통합에 대한 역할과 기능을 수행한다.

225. 육체적 사랑은 한계가 있다. 육체적 사랑은 2번 차크라에 한정된 사랑이다. 주로 남녀간의 케미컬[30]에 의해서 이끌리는 사랑이다. 두 남녀간에 케미컬이 사라질 때 쯤 이전에는 보이지 않았던 서로의 단점들이 보이기 시작한다. 이때 서로의 차이를 이해하고 수용할 수 있는 아나하타 차크라의 힘이 필요하다. 진실한 사랑의 시작은 상대에 대한 인내에서 시작한다. 그러나 서로간의 격차와 다름을 느끼면서도 인내하기는 쉽지 않다. 물론 너무나 부당한 것마저 수용할 수는 없는 일이다. 따라서 식별지를 담당하는 6번 차크라의 힘도 어느 정도 필요할 것이다.

226. 원시시대에 동물은 인간에게 어떤 존재였을까? 무의식의 힘이 강했던 원시시대에 동물은 지금처럼 자본축적의 대상이 아니었다. 자연의 변화를 전혀 예측할 수 없었던 인간은 자연에 닥쳐올 위험을 동물을 통해 인지하기도 했다. 그래서 동물은 물질적 대상이라기보다 오히려 가족이나 친구에 가까웠다. 이러한 사실은 무엇을 의미하는가? 원시시대에는 과학이 전혀 발달하지 않았으므로 당시의 사람들은 자연이 야기하는 위험이나 변화에

---

30) 케미컬은 화학작용이라는 의미로, 두 남녀가 처음 만났을 때 서로 끌리는 번쩍이는 느낌을 말한다.

전혀 대비하거나 통제하지 못했음을 의미한다. 자연은 그들에게 신과 같이 두렵고 무서운 존재였다. 그들이 불을 발견하기 이전까지는 말이다. 만일 그들이 불을 발견하지 못했다면 동물과 마찬가지로 2번 차크라 이상의 수준을 넘지 못했을 것이다. 2번 차크라는 본능을 다룬다. 동물은 본능적 존재다. 원시시대 사람들은 오로지 본능과 직관에 의존한 삶을 살았다. 그러나 부싯돌의 발견으로 인해 인간의 지위는 동물보다 높아졌다. 동물은 불을 사용하지 못한다. 오직 인간만이 불을 사용할 수 있다. 불은 그들의 사냥감을 익혀먹는 변형의 도구가 되었다. 음식을 익혀 먹음으로써 건강은 물론 감각적인 향상을 가져왔다. 무엇보다도 불의 사용은 인간이 자연을 미약하게나마 지배하기 시작하였음을 의미한다. 인간은 더 이상 계절의 추위를 피해 이동할 필요가 없어졌으며, 시간이 주는 제약에서도 어느 정도 벗어날 수 있었다. 자연에 대한 이러한 지배력은 원시시대의 사람들에게는 새로운 도약과 새로운 의지의 시작을 의미한다. 무엇보다도 이것은 그들이 1, 2번 차크라가 주는 환경적 제약에서 벗어나서 3번 차크라를 사용하기 시작했음을 의미한다.

227. 식욕은 성욕의 또 다른 변형으로 2번 차크라와 많은 부분 연관된다. 식욕과 성욕을 모두 2번 차크라에서 관장하는 이유는, 두 욕구 모두 오감각에 기초하여 느끼는 욕망이기 때문이다. 즉 먹고 싶은 욕망과 성적인 욕망 모두 동일하게 인간의 오감각인 후각, 미각, 시각, 청각, 촉각에 기반을 둔다. 그런데 단테는《신곡》신곡에서 과식을 성적 불만족의 징후와 연결시킴으로써 비만을 육욕보다 더 중한 죄로 간주한다. 《신곡》에서 단테는 육욕에 얽힌 영혼들은 명백하고 극적인 죄로 분류해서 제 2원에 배치했지만, 폭식의 죄는 간접적으로 정욕을 따르는 것으로 분류하여 더 중한 죄인들이 갇혀있는 제 3원[31]에 분류했다.

228. 사랑은 아나하타 차크라를 각성시키고 호흡을 활성화 시켜서 3번 마니퓨라 차크라의 불을 타오르게 한다. 따라서 사랑은 에너지와 의지를 넘치게 한다. 그러나 이별은 아나하타로 상승되었던 에너지를 소실시켜서 허망하게 한다. 만일 이별이 심한 고통으로 다가온다면, 허망함이 가져온 상대에 대한 애증으로 인하여 나의 에너지가 상대에게 끌려다닐 수 있다. 아나하타 차크라의 기능이 저하되면 생명력에 문제가 생긴다. 에밀리 브론테의 소설《폭풍의 언덕》의 히로인 '히스클리프'가 죽을 때 까지 캐서린을 놓지 못했던 이유는 오로지 캐서린만이 그의 영혼을 하위 차크라의 범주에서 벗어나게 해주어 4번 차크라 이상으로 끌어올려줄 수 있는 존재이기 때문이다.

229. 아나하타 차크라는 호흡 그리고 사랑과 관련이 있다. 인간은 숨을 쉬지 않으면 살 수 없다. 극단적인 상황에 처한 사람은 음식이나 물이 없어도 며칠을 버틸 수 있다. 그러나 공기가 없다면 단 몇 분도 버틸 수 없다. 만일 나의 사랑이 상대를 짓누른다면 그것은 상대를 숨 쉴 수 없게 만드는 것이다.

230. 사랑이 욕망의 공간에 갇혀있을 때, 종국에 우리는 사랑하는 사람을 경계해야하고 결국에 상대를 적으로 돌리어 애증의 결과에 이르게 될지도 모른다. 사랑이 2번 차크라를 넘어 4번 차크라로 상승하면32) 두 사람은 진

---

31) 지옥, 연옥, 천국편으로 구성되어있는 단테의 <신곡> 중 지옥편을 인용하고 있다. 지옥은 제 1원 변옥(Limbo), 제 2원 음욕지옥(Lussuriosi), 제 3원 식탐지옥(Golosi), 제 4원 탐욕지옥(Avari e prodighi), 제 5원 분노지옥(Iracondi ed accidiosi), 제 6원 이단지옥(Eretici), 제 7원 폭력지옥(Gironi), 제 8원 사기지옥(Fraudolenti), 제 9원 배신지옥(Traditori)으로 총 9원으로 구성되어 있다.

32) 아나하타 차크라가 완전히 정화되지 않은 사람의 경우 이 이론이 맞지 않을 수

실한 사랑의 공간으로 들어가게 된다. 크리스마스 이브에 선물을 사기 위해 서로 가장 아끼는 물건33)을 팔게 된 한 부부의 이야기는 대표적인 아나하타 사랑이다. 아나하타의 사랑은 상대를 욕망으로 대상화하지 않는다. 열정을 담보로 하는 사랑은 아나하타의 사랑이 아니다. 아나하타의 사랑은 상대를 위해 인내하고 때로는 기다릴 수 있는 사랑이다. 2번 차크라의 사랑은 조건부 사랑이고 상대의 물질을 **빼앗거나 빼앗기는** 사랑이자 욕망과 탐닉의 사랑이고 자극을 기반으로 하는 사랑이다. 이러한 사랑은 상대가 더 이상 자극을 줄 수 없다면 변하는 사랑으로 흔히 애욕의 사랑이라고도 불린다. 욕망의 사랑이 끝나갈 때 어느 한쪽이 버림받았다는 느낌을 갖게 되면 그 사랑은 비극적 결과를 가져올 수 있다. 관계의 종말로 더 이상 이전에 누렸던 즐거움의 에너지를 느낄 수 없는 것은 상대에게 이용당하거나 버림받았다는 느낌을 갖게 한다. 따라서 더 많이 집착하는 쪽은 자신이 느끼는 상대적 초라함과 박탈감을 상대에게 투사함으로써 스스로 애증과 집착에 휘말려 들어가게 된다.

231. 너무 엄격한 부모 아래서 자란 아이들은 자신의 본능과 충동을 조절할 수 있는 노력의 기회를 박탈당하기 쉽다. 이것은 하위 차크라의 각성에 좋지 않다. 또한 아이가 자율성을 키울 수 있는 시기를 놓치게 해서 자신

있다.

33) 오헨리의 단편 소설 《크리스마스 선물》에 관한 이야기다. 이 소설에서 서로 지극히 사랑하는 한 가난한 부부가 크리스마스 선물을 사기 위해 각자 자신이 아끼는 물건을 팔아서 서로에게 줄 선물을 산다. 아내는 자신의 길고 아름다운 머리카락을 팔아서 남편의 시계줄을 샀고, 남편은 자신의 시계를 팔아서 아내의 머리빗을 샀다. 그러나 집에 돌아온 남편은 아내의 머리카락이 짧게 잘려있는 것을 보았고, 아내는 남편이 더 이상 시계를 가지고 있지 않음을 알게 되었다. 선물은 헛되게 되었고 두 사람은 자신들의 가난에 어이 없어하며 눈물을 흘렸지만 서로의 사랑을 다시 한번 확인하게 된다.

감 없는 아이가 될 수 있다.

232. 달리기나 조깅은 차크라를 활성화시킨다. 달릴 때 지표면에 접촉한 발을 통해서 땅의 지기가 1번 차크라로 올라온다. 1번 차크라가 건강하면 2번 차크라의 변전하는 물기운에 안정감을 줄 수 있다. 달릴 때 고조되는 심장박동에 의한 압박감[34]을 이겨내려는 의지가 임계치에 다다르면 3번 차크라의 의식이 각성된다. 점차로 빨라지는 심장 박동과 자신을 조율하다보면 호흡이 강해진다. 이것은 다시 3번 차크라로 하강하여 불기운을 활성화킨다. 이런 이유로 유아나 어린아이들이 체육관이나 운동장에서 지붕이 무너질 정도로 발을 쿵쿵 구르면서 뛰는 것은 성장기에 매우 좋은 운동이다.

233. 누군가가 한 알의 모래에서 세계를 보고, 한 알의 씨앗에서 생명을 볼 수 있다면, 그의 의식은 전체성과 합일된 것이다. 이러한 사람은 관계 속에서 분리보다 통합을, 차이보다는 동일성을 본다. 어떤 시가 인생의 진리를 노래한다면 그 시는 전체성을 보여주고 있는 것이다. 점성술에서 시인은 넵튠에 해당한다. 우주적 용매제라고도 불리는 넵튠의 사명은 개인의 에고를 녹여서 전체와 계합하는 것이다. 의식은 상위 차크라로 올라갈수록 전체성과 가까워지고 하위 차크라로 내려갈수록 개별성에 가까워진다.

234. 스와디스타나 차크라는 이원성과 음양의 차크라다. 이원성은 선과 악, 남과 여, 밤과 낮, 추위와 더위 등으로 분류된다. 소년(소녀[35])에게는 자신이 살고 있는 세상이 선의 세상만이 아님을 알게 되는 시기가 온다. 이 시기에 그의 2번 차크라[36]는 2차 성징기를 거치면서 엄청난 변화와 맞닥뜨리

---

[34] 물론 자신이 할 수 있는 한도 내에서 너무 무리하지 않고 인내해야 한다.
[35] 이하 소녀도 소년으로 통칭함.

게 된다. 이것은 그가 전 생애에 걸쳐 만나야하는 여러 번의 위기들 중 아마도 그가 스스로 헤쳐 나가야하는 거의 첫 번째의 위기가 될 것이다. 이 갈림길에서 그는 성장할 수도 있고 또는 진일보를 위한 엄청난 퇴보의 고통에 휘말릴 수도 있다. 이 질풍과도 같은 노도의 시기에 소년은 악을 경험하면서 청년으로 성장한다. 소년이 악을 경험하면 그는 더 이상 소년이 아니다. 소년은 지하에서 머물것이냐? 아니면 지하를 벗어나서 상승의 의지를 다질 것이냐? 의 기로에 서게 된다. 악어의 모습을 한 마카라는 2번 차크라를 상징하는 동물이다. 동물적 욕망! 2차 성징기의 경험은 소년의 성격과 인격을 완전히 바꿔놓을 수 있다. 과거에 꽃감 먹고, 사서삼경 읽고, 팽이치던 시절에 소년은 왠만한 변화가 다가와도 그를 지켜줄만한 강한 순수성이 있었다. 현대 소년들이 노출되어 있는 게임과 인터넷 그리고 각종 영상들은 순수성이라는 면역력을 위협한다.

235. 소년은 야망을 가져야 한다. 그리고 감히 꿈 꿀 수 없는 것을 꿈꿀 수 있어야 한다. 그래야만 1, 2번 차크라가 부여하는 환경적 제약으로부터 벗어나 자신의 삶을 개척[37]할 수 있다. 그리고 그것을 바탕으로 자신의 의지와 꿈을 펼칠 수 있다. 자신의 환경과 달리 턱도 없는 꿈을 꾸는 청소년은 일종의 '킥[38]' 을 하고자 함이다. 자신의 환경과 어울리는 꿈만 꾼다면 소년은 환경의 희생양이 되기 쉽다. 2차 성징기를 맞이하는 청소년의 시기! 그는 중독과 타성의 함정에 빠지지 말고 미래를 향해 진일보하는 소년다운

---

36) 청소년이 자신의 차크라를 개발한다는 것은 특수한 경우를 제외하고는 의식화된 부모나 그 청소년을 돕는 주변의 영적 멘토들의 의식적인 노력이 있는 경우에 가능함을 전제로 한다.

37) 이스턴 드래곤 출판사에서 출간된 차크라 바이블(아노데아 주디스저. 임지혜 옮김)을 참고할 것.

38) 킥은 의식이 통제할 수 없는 공간에 빠져있음을 깨달았을 때, 강한 정신력으로 그 공간에서 빠져나오려는 의식적이고 의도적인 행위를 말한다.

삶을 살아야한다. 그게 젊음이니까! 소년은 자신의 리비도를 정신력과 의지를 강화시키는데 충분히 사용할 수 있다. 만일 그가 꿈이 있다면…그리고 포부가 있다면!

236. 언제부턴가 통합교육이라는 단어가 자연스럽게 사용되고 있음은 시대가 남녀, 노소, 인종, 계급의 분리를 넘을 수 있는 교육의 장에서 모종의 단일성을 획득하려고 함을 시사한다. 모든 차크라가 에너지 조화와 균형을 이루어야 하지만 특히 조화와 균형의 완성인 통합이 두드러지는 차크라는 4번 차크라와 7번 차크라다. 4번 차크라에서는 정신과 물질의 통합이 이루어지고 7번 차크라에서는 영성이 통합된다. 그러나 이 혼동의 시대에 교육계 또한 과열된 물질적 분위기로부터 자유로울 수만은 없다. 제대로 된 통합의 장이 마련되기 위해서 교육계의 아나하타 차크라를 열기 위한 과도기적 시간이 보다 더 길어질지도 모르겠다. 그리고 그 시간은 우리의 아나하타 차크라를 점검하는 시간이 될 것이다. 언제부터인가 우리의 자녀 사랑이 점점 디지털화되가고 있다는 생각을 해본 적이 없는가? 육아와 삶에 지친 불행한 엄마들이 오랜만의 휴식을 위해 카페에서 커피를 마시면서 아가에게 핸드폰과 게임기를 쥐어주는 장면을 우리는 너무 흔하게 보곤 한다. 이렇게 성장한 아이들이 엄마보다 핸드폰과 게임기 그리고 컴퓨터에서 더 편안함과 위로를 받게 된다면 약 300년 전 아일랜드의 시인 윌리엄 버틀러 예이츠[39]가 염려한 미래세계의 기계화는 현실화 될지 모른다.

237. 중병에 걸린 사람들이 간혹 일상을 정리하고 산으로 들어가 다시 건강을 회복하는 케이스가 있다. 이러한 회복은 차크라를 공부하는 사람이나 수행자의 견지에서는 매우 과학적인 현상이다. 산에 오르는 과정은 호흡을

---

[39] 이스턴 드래곤 출판사에서 출간된 점성술사가 들려주는 예이츠의 사랑과 운명 그리고 철학 (로즈 임지혜 저) 참고

깊어지게 하며 평소에 잘 닿지 않는 곳까지 산소가 유통되게 한다. 폐와 가슴이 산소로 원활하게 유통되고 정화되면 가슴 차크라가 열리고, 가슴 차크라가 열리면 3번 차크라에 공기가 유입됨으로써 마니퓨라 차크라가 각성된다. 또한 산행으로 좋은 산기운이 온몸에 유입되고, 멀리 산세를 바라보며 그 동안 자신의 섯부른 판단이나 옳고 그름을 헤아렸던 편협함을 인식하고 정화함으로써 2번 차크라와 6번 차크라가 정화된다. 이렇게 선악분별에 대한 오류가 정화되면 마음이 열리고 바람이 하강하여 마니퓨라 차크라가 활성화시킨다.

238. 아나하타 차크라의 상징인 육각별은 정삼각형과 역삼각형을 겹쳐놓은 형상이다. 이 육각별은 상승하는 물질과 하강하는 정신이 아나하타 차크라에서 만나 통합됨을 의미한다. 크리스마스 트리의 꼭대기에도 이와 똑같은 별이 있다. 이 별은 정신과 물질이 정반합의 끝없는 성찰 과정을 통해서, 이원성의 굴레를 초월하여 별과 같은 순수관념으로 승화됨을 암시한다. 이 별은 어두운 밤길을 빠르게 걸어 집으로 돌아가려는 소녀가 안전하게 집에 도착하게 해달라고 간절히 바라는 소망이 담겨있는 밤하늘의 별이며, 어둠 속에서 길을 잃은 많은 사람들의 소망이 담겨있는 별이자, 어둠이 주는 두려움을 극복하게 해주는 묘한 힘을 담고 있는 별이다. 또한 처녀신 아르테미스의 저주를 받아 곰으로 변한 아름다운 님프 칼리스토가 자신을 알아보지 못한 아들의 화살에 위협받았을 때 제우스신이 하늘로 올려 만들어준 모자(母子)의 별이며, "하늘에는 별이 빛나 아름답고, 땅에는 꽃이 피어 아름다우며, 인간에게는 사랑이 있어 아름답다." 라고 노래했던 괴테의 별이기도 하다. 만일 당신이 성탄절 전야의 크리스마스 트리를 보고 설레임과 기쁨을 느낀다면, 그것은 같은 시간에 트리를 바라보는 전 세계인의 마음과 조응된 것이다. 그리고 그 소망은 트리 위에 커다란 별로 빛난다. 그

래서 성탄절 전야에 사람들은 바쁜 삶을 잠시 뒤로 하고 사랑하는 사람들에게 순수한 기원과 바램을 보낸다. 이 특별한 날에 세계인들의 강렬한 소망으로 이날만큼은 싸우던 사람들도 일시적으로 화해하기도 한다. 이러한 마음 역시 크리스마스 트리 위의 커다란 별을 통해 읽어볼 수 있다.

240. 과학이 발전하기 위해서 너무나 큰 희생이 따랐다. 만약 현대의 과학이 과학의 발전을 위해 희생되는 생명에 대해서 대의를 위해서 소의는 희생할 수도 있다 라는 식의 사고로 흐른다면 그것은 정말 위험한 일이다. 동물실험에 의의를 표하고 동물실험을 더 이상 하지 않겠다고 선언하는 높은 의식을 지닌 과학자들과 소비자 집단이 보다 더 자주 나와야한다. 높은 의식만이 독성 높은 질병을 치유할 수 있다. 동물들의 고통이 비단 동물들만의 고통이 아니기 때문이다. 학대받는 동물들은 인간의 2번 차크라와 밀접한 관련이 있다. 인류와 동물은 서로 연결되어 있기 때문에...

241. 매일 아침 운동을 하겠다는 결심 혹은 매일 아침 같은 시간에 일어나서 공부하겠다는 결심을 해본 적이 있을 것이다. 쉽게 이불 안에서 빠져나오지 못하는 추운 겨울 아침에, 갑자기 방바닥을 킥해서 벌떡 일어난 후 운동을 하거나 공부를 하는 것! 이런 식으로 3번 차크라는 각성된다. 이것은 1, 2번 차크라가 지배하는 타성과 중력의 힘을 거슬러서 자신의 의지를 발동시킨 것이기 때문이다. 중력에 편승하는 1. 2번 차크라는 오직 불에 의해서만 변형을 이룰 수 있다. 불은 의지 및 변형과 관계있는 마니퓨라 차크라에 의해서 활성화된다.

242. 심층 심리학의 대가인 융박사는 결국 인간을 안다는 것은 불가능하다는 말을 남겼다. 융박사는 무슨 의미로 이런 말을 했을까? 아마도 인간의

의식으로 알 수 있는 것보다 그렇지 못한 것이 더 많다라는 의미가 아닐까? 그래서 명상의 마스터들은 수행자에게 자신에게 일어나는 모든 현상을 "그저 관하라", "그저 지켜보라."고 말한다. 만일 이러한 모든 현상에 대해서 일일이 의미를 두면 흔들리게 되고, 잘못하면 감정에 휘말리는 것으로 귀결되어 버릴 수 있기 때문이다. 아픈 곳이 있으면 먼저 치료를 해야 한다. 그렇지 않고 원인부터 먼저 따지다 보면 골든타임을 놓쳐 호미로 막을 수 있었던 것을 가래로 막아야만 하게 될지 모른다.

243. 술이나 담배 또는 게임 중독에 빠졌던 사람들이 중독을 끊는 과정에서 금단증상을 겪는다. 이러한 금단현상은 중력과 관련있다. 중력의 영향을 받는 물질이 자기 본래의 모습으로 되돌아가려는 성질처럼 금단현상은 중독을 끊고자하는 개인의 의지에 반하여 이전의 중독 상태로 다시 돌아가려고하는 현상이다. 1, 2번 차크라는 물질성이 강하기 때문에 중력의 영향을 크게 받는다. 끈기와 인내의 부족도 이 두 차크라의 약함에서 기인된 바가 크다. 따라서 중독은 대체로 각성되지 않은 1, 2번 차크라의 영향을 많이 받는다.

244. 이성은 인간의 삶을 명료하게 해준다. 그러나 이성이 더 이상 인간의 삶에 명료함을 부여하지 못하는 시점이 있다. 어두운 밤길을 걸어갈 때, 설명할 수 없고 이해할 수 없는 불의의 사건이 터졌을 때, 또는 갑작스러운 병에 걸렸을 때, 인간은 본능적으로 신에게 매달리게 된다. 죽음을 두려워하는 인간, 그리고 영원한 삶을 추구하는 인간은 신화의 세계에 접속하고자 하는 자이다.

245. 지상의 왕자를 사랑한 인어공주는 인간이 되기 위해 목소리를 버려야

했다. 그녀는 목소리를 대가로 발을 얻었다. 목은 명예, 그리고 교주의식과 관련된 비슈다 차크라와 연결된다. 개인이 누군가를 숭배에 가까울 정도로 사모하거나 따르는 것은 일종의 교주 신봉 카르마다. 비단 교주뿐만 아니라 그를 교주의 위치에 오르게 하는 신도들 역시 교주카르마를 가지고 있다. 그러므로 인어공주가 인간이 되기 위해 하필이면 목소리를 버려야만 했던 것은 어쩌면 그녀의 교주 숭배의식 카르마를 정화하기 위한 대가였는지도 모른다.

246. 인간의 일곱 개의 차크라는 분리해서 존재할 수 없다. 이것은 인간이 어느 한 차크라만으로는 완전체가 되지 못함을 의미한다. 3번 차크라가 발달해서 배짱이 두둑한 것은 '지(智), 덕(德), 체(體)' 중에 단지 '체'만 얻은 것이다. 책이 마음의 양식이란 것은 책을 통해 '지'를 얻을 수 있음을 의미한다. 더 나아가 '덕'을 개발할 수 있는 가능성까지도 얻을 수 있음을 말해준다. 지, 덕, 체를 모두 개발하기 위해서는 신체 뿐 아니라 마음도 살펴야 한다. 밥이 바디(body)의 양식이듯 책은 마음의 양분이다.

247. 현대의 시류를 따라가보면 이성이란 이름으로 감성이 너무 무가치하게 억압되곤 한다. 상위 차크라의 성공을 위해 하위 차크라를 무조건 억압하는 것이 단시적인 성공이 될 수는 있어도 영원할 수는 없다. 물질의 가치를 함유하는 하위 차크라를 제대로 이해하지 않고 정신에 대한 바른 가치를 정립하기 힘들다. 강압적 인내는 정신과 물질 모두의 와해를 가져올 수 있다. 하위 차크라를 극복하려고 하다가 오히려 하위 차크라에 갇혀버리게 될 수 있다.

248. 물질이 지, 수, 화, 풍 4대로 구성된 것처럼 번뇌도 지, 수, 화, 풍 4

종류의 번뇌가 있다. 1번 차크라에서 올라오는 번뇌를 물라다라 차크라의 번뇌라고 하는데, 이것은 흙의 카르마를 지닌다. 집착, 고집, 아집 등과 같은 번뇌가 흙의 카르마다. 따라서 우리에게 집착, 고집, 아집과 같은 번뇌가 일어나면 흙의 카르마가 작용한 것임을 눈치채야 한다. 2번 차크라에서 올라오는 번뇌를 스와디스타나 차크라의 번뇌라고 한다. 이것은 물의 카르마를 지닌다. 애증, 시기, 의심, 질투 등이 물의 카르마다. 따라서 우리에게 애증, 시기, 의심, 질투 등의 마음이 일어나면 물의 카르마가 작용한 것임을 눈치채야 한다. 3번 차크라에서 올라오는 번뇌를 마니퓨라 차크라의 번뇌라고 한다. 이것은 불의 카르마를 지닌다. 분노와 폭력성이 불의 카르마다. 따라서 우리에게 분노, 폭력성의 번뇌가 일어나면 불의 카르마가 작용한 것임을 눈치채야한다. 4번 차크라에서 올라오는 번뇌를 아나하타 차크라의 번뇌라고 한다. 이것은 바람의 카르마를 지닌다. 지식욕뿐만이 아니라, 사기성과 같이 남을 이용해 먹으려는 번뇌가 바람의 카르마다. 따라서 우리에게 지식욕, 남을 이용하려는 번뇌가 일어나면 바람의 카르마가 작용한 것임을 눈치채야한다.

249. 아나하타 차크라는 공기 즉 호흡과 관련이 깊다. 그러나 호흡은 우리의 의식과도 관련이 있다. 숨을 최대한 쉬지 않고 참아보면 의식이 혼미해지는 것을 경험할 수 있다. 숨은 또한 우리의 두려움과도 관련이 있다. 호흡하지 않는다는 것은 죽음의 의미를 내포하기 때문이다. 3번 차크라가 비록 강하다고 해도 4번 차크라가 부실하면 어떤 일이 일어날까? 3번 차크라가 강한 사람들은 배짱이 강하고 왠만한 일에 잘 흔들리지 않는다. 그러나 어떤 경우에는 힘이 약한 여인네가 전혀 떨지 않는 일에 오히려 뱃심이 센 남자가 벌벌 떨곤 한다. 이 경우 여성은 비록 3번 차크라의 힘은 다소 약하지만 아나하타가 열린 케이스이고, 남성의 경우는 뱃심 즉 마니퓨라 차

크라의 힘을 강하지만 4번 차크라가 열리지 않은 케이스이다. 이렇게 차크라에도 영적 하이어아키가 존재한다. 하위 차크라는 중요하다. 그러나 하위 차크라를 지배하는 것은 결국 상위 차크라다. 즉 1번 차크라의 부실함은 2번 차크라가 막는다. 또한 3번 차크라의 부실함은 4번 차크라가 막는다.

250. 탑을 쌓을 때는 기초가 정말 중요하다. 2번 차크라가 부실하면, 물질에 대한 선악 판단에 문제가 생긴다. 그런데 판단을 행위에 옮기는 것은 3번 차크라인 마니퓨라 차크라이다. 그러나 2번 차크라가 부실하더라도, 3번 차크라가 단단하다면 쉽게 경거망동해서 자신의 잘못된 판단을 실행으로 옮기지 않는다. 하위 차크라의 부실함은 상위 차크라로 막기 때문이다. 그러나 2번 차크라가 지나치게 부실해서 건강이 무너지는 상태에 와있다면 실제상으로 3번 차크라의 에너지도 부실하기 쉽다. 따라서 상위 차크라와 하위 차크라는 상호 보완의 관계에 있는 것이다.

251. 참을 인(忍)자가 세 개면 살인도 면한다고 했다. 잘못된 결정으로 3번 차크라를 가동시켜서 상대에게 위협을 가하거나, 일을 저질러버리려는 순간에 4번 차크라는 생각한다. "자! 깊게 숨을 들이마시자. 침착하자, 침착하자." 하고 말이다. 이렇게 상위 차크라인 4번 차크라는 우리의 섣부른 행동을 막는다. 한편 화가 머리끝까지 나있을 때 잘 관해보면 호흡이 매우 거칠어져 있는 것을 알 수 있다. 선지자들은 "관하면 사라진다" 라고 말한다. 그러나 관해도 잘 안 된다면 공간을 이동하여 공기가 다른 곳으로 장소를 옮겨보면 화가 조금씩 해소되는 경험을 할 수 있다.

252. 일반적으로 사람들의 호흡은 그다지 깊지 못하다. 호흡을 깊게 하기 위해서 호흡 수련을 하는 것도 좋고, 운동을 통해서 호흡을 강화시키는 것

도 방법이다.

253. 인간은 지, 수, 화, 풍 물질 4대 요소로 이루어져 있다. 흙은 1번 차크라인 물라다라 차크라의 성분이기도 하다. 물라다라 차크라가 강한 사람들은 현실에 깊게 뿌리를 내리고 산다. 그러나 과도하게 현실적이거나 너무 강한 1번 차크라가 다른 차크라와 조화를 이루지 못하면 정신력이나 상위 차크라를 개발하는데 장애가 될 수 있다. 이런 사람들은 철학이나 문학과 같이 정신적인 이야기를 들으면 간혹 "그게 먹고사는 거랑 무슨 관계가 있나요?" 라고 반문하기도 한다.

254. 물질의 4대 요소 중 3번 차크라의 불은 열정과 정열 그리고 의지와 변형을 가져온다. 열정이 없다면 어떤 일을 시작하는데 문제가 생긴다. 불은 순간적으로 강렬한 에너지를 발산하지만, 타기 위해서는 연료가 필요하다. 3번 차크라는 1, 2번 차크라의 흙과 물을 연료로 삼아 타오른다. 다시 말해서 변화하지 않으려는 성질과 타성, 나태함을 태워버림으로써 변형이 이루어진다.

255. 마니퓨라 차크라의 기능이 현저히 떨어진 경우 의지력을 상실할 수 있다. 무기력증에 빠지면 "킥"을 해서라도 그러한 상태에서 빠져나와야 한다. 그런데 마니퓨라 차크라의 기능이 최하로 떨어지면 킥을 하기가 쉽지 않다. 마음을 강하게 먹으라는 말은 사실 이럴 때 듣게 되는 말이다. 그런데 마니퓨라 차크라의 기능이 너무 떨어지고 아나하타 차크라까지 닫혀진 사람은 "마음을 강하게 먹으라." 는 말이 그저 귓전으로 들릴 뿐이다. 아나하타 차크라를 여는 것은 그래서 중요하다. 상대의 말이 비록 무가치하다고 할지라도, 아나하타가 열린 사람들은 그 속에서 진실을 본다. 차크

라의 문제나 부정적인 성향은 결국 과중한 카르마에서 기인된다.

256. 강한 아나하타 차크라는 최악의 상황에서 기적을 일으킨다. 병(病)중의 혼미한 의식 속에서 무의식적으로 화재가 난 사실을 알아차리고 아이를 구한 것은 아이에 대한 지극한 어머니의 사랑이 일으킨 마법이다. 그러나 이것은 사실 강인한 아나하타 차크라가 일으킨 기적일 수도 있다. 물론 최악의 건강 상태에서는 아나하타 차크라도 닫혀버릴 수 있다. 그러나 갑작스럽게 일어나는 위험에 대처하는 강력하고 치열한 감정은 순간적으로 정화의 에너지를 뿜어내고, 그것은 곧바로 차크라의 통로를 열어주어 기적과 같은 힘을 발휘하게 한다.

257. 물질과 정신은 뫼비우스띠처럼 서로 맞물려 있기 때문에 둘 다 중요하다. 목을 사이에 두고 목 아래 부위는 지, 수, 화, 풍 4대 요소가 지배하는 물질 영역에 속하고 목 위의 6, 7번 차크라는 정신 영역에 속한다. 5번 비숫다 차크라는 물질과 정신을 연결해주는 중간통로이다. 과거에 교황[40]이 인간과 신을 연결해주는 대리자이자 매개자였듯이 목차크라는 물질과 정신을 연결하는 매개자다.

258. 정신은 물질을 통제할 수 있어야 한다. 정신이 물질을 지배하지 못할 때 신체적으로는 하위차크라의 에너지가 각 차크라를 뚫고 상승한다. 하극상의 문제가 제기된다.[41] 물질이 1번 차크라를 뚫고 들어오면 외부물질이 나의 물질을 침범한 것으로 원칙적으로는 3번 차크라의 불로 태워서 삭제하거나 변형시키고 정화시켜서 자신의 에너지로 사용하기도 한다. 에너지

---

40) 유니버설 웨이트 타로카드에서 교황 카드는 5번이다.
41) 물론 정신의 통제 하에 물질 에너지가 상승해 올라오는 것은 우주에너지 순환 면에서 긍정적이다.

가 3번 차크라를 뚫고 넘어온다면 일단 기본적으로 통제기능을 상실했다고 볼 수 있는데 만일 그 에너지가 부담스럽지 않다면 이 사람은 많은 타인의 에너지를 연결해주는 허브의 기능을 수행할 수도 있다. 그러나 만일 외부 물질에 대해 불쾌감이나 스트레스를 느낀다면 이것은 자신이 감당할 수 있는 수준을 넘은 것으로 하극상으로 봐야한다.

259. 모든 차크라들은 상호 연결되서 서로 영향력을 주고받는다. 6번 아즈나 차크라와 2번 스와디스타나 차크라는 연결되어 있다. 6번 차크라는 지성의 분별력이 강조되고 2번 차크라는 물질의 분별력이 강조된다. 두 차크라는 모두 두 개의 꽃잎을 상징으로 한다. 2번 차크라를 너무 사용하면 아즈나 차크라가 개발되기 어렵고, 아즈나 차크라만 너무 사용하면 스와디스타나 차크라가 약해진다. 결국 중도가 필요하다. 언제든지 극단적일 때 우리는 그림자의 희생이 되기 쉽다. 지나치게 공부만 한 사람들이 갑자기 2번 차크라에 관련된 사건으로 높은 지위에서 추락하는 사건을 경험하곤 한다. 그들의 과도하게 발달된 지성이 억눌린 성과 물질을 담보로 했을 때, 그들에게는 자신을 가장 높은 곳에서 가장 낮은 곳으로 추락시킬 수 있는 그림자가 도사리고 있음을 명심해야 한다.

260. 만일 어떤 개인이 3번 차크라만 지나치게 발달되어 있다고 해도 운동선수가 될 가능성이 있다. 그러나 뛰어난 선수는 힘과 지성을 겸비한다. 예를 들어 그가 만일 골키퍼라고 가정해보자. 운동선수로서의 기본기는 물론 그의 강한 3번 차크라에 기반을 두고 있을 것이다. 그러나 골기퍼로서 골을 막아내기 위해 상대 플레이어의 움직임을 미리 예측하는 것은 힘만으로는 안 된다. 이때 그는 지성을 담당하는 6번 아즈나 차크라와, 예지와 예감을 주는 7번 사하스라라 차크라의 도움이 필요하다. 또한 만일 그가 팀대

표라면 팀구성원들을 아우를 수 있는 심장 차크라도 함께 발달해야 한다.

261. 차크라는 의식 및 무의식 그리고 잠재의식, 초의식과 관련있다. 우리가 정신적으로 괴로움을 겪을 때 우리의 의식은 하위 차크라로 떨어졌을 가능성이 많다. 의식이 하위차크라 특히 물라다라 차크라나 스와디스타나 차크라로 떨어진다면 알 수 없는 열기나 우울증에 빠지게 된다. 조울증은 하위 차크라의 불균형으로 일어나는 현상이다. 물론 아나하타 차크라의 영향도 배제할 수 없다. 이런 경우 노란색과 초록색의 칼라명상을 통해서 의식을 마니퓨라 차크라나 아나하타 차크라로 끌어올릴 필요가 있다.

262. 1번 차크라를 뿌리 차크라라고도 말한다. 이것은 흙 즉 대지와 관련이 있다. 그리스 로마신화에서 가이아는 대지의 여신으로 만물을 창조하는 땅과 관련있다. 뿌리 차크라는 매우 근원적이어서 태어나는 순간부터 발달이 이루어진다. 이것은 엄마와 아기의 관계에서 형성된다. 어린 시절 충분한 사랑을 받지 못하면 뿌리 차크라에 문제가 생긴다. 뿌리 차크라는 믿음, 그리고 신뢰와 관련이 있기 때문이다. 어린아이의 우울증이나 자신감 결여를 치료하기 위해 흙이나 모래놀이를 하게 하는 것은 모래의 부드러운 촉감을 느낌으로써 모성애와 관련된 2번과 4번 차크라를 강화시키려는 의미도 있지만 결과적으로 흙의 영역인 1번 차크라를 강화시키기 위해서다. 특히 1번 차크라는 어린 시절에 발달시키는 것이 좋다. 왜 그럴까? 1번 차크라는 소유욕과 관련있기 때문이다. 내 것과 남의 것에 대한 확실한 영역과 소유권의 구분은 어린 시절에 닦아야 할 덕목이다. 이러한 구분을 이 시기에 제대로 하지 못하면 성인이 되어서 남의 것을 빼앗는다든지, 자기의 것을 빼앗기고도 억울하고 비윤리적인 상황을 잘 이해하지 못할 수 있다.

263. 물질 4대 요소인 지, 수, 화, 풍은 각각 1, 2, 3, 4번 차크라에 상응한다. '건강한 신체에 건강한 정신' 이라는 한때 유행했던 표어는 하위 차크라의 물질이 건강해야지만 상위 차크라의 정신도 건강할 수 있음을 강조한다. 1번 차크라를 이해하기 위해서 4대 물질 중 흙의 성질을 알면 1번 차크라의 성질을 잘 이해할 수 있다. 가령 2번 차크라가 물의 성질을 지녔다면 1번 차크라는 흙의 성질을 가짐으로써 물이 넘치는 것을 둑으로 막는 격이다. 홍수로 물이 넘치지 않도록 둑으로 잘 막아 놓는 역할을 하는 것이 바로 1번 차크라의 역할이다. 제방의 둑이 튼튼하지 않다면 물이 넘쳐서 인명과 재산의 피해가 일어난다. 그렇기 때문에 1번 차크라가 튼튼하지 않다면 2번 차크라가 무너지고[42] 그 보다 상위에 위치한 4번과 5번 차크라에 연쇄적으로 좋지 않은 영향을 미칠 것이다. 가령 1번 차크라가 부실하여 물질이 샌다는 것은 밑빠진 독에 물질을 부어도 새기만 하고 채워지지 않는 것과 같은 것이다.

264. 우리의 육(肉) 즉 body를 구성하는 4대 물질 중 흙의 관할 하에 있는 1번 차크라는 인간의 성장기 중 어린 시절의 영향을 많이 받는다. 어렸을 때 부모의 압박으로 인해서 학원에서 공부만하고 뛰어놀지 못한 아이들은 그 시기에 강화시켜야할 1번 차크라를 소홀히 한 결과를 보게 된다. 그래서 어린이들은 잘 뛰어 놀아야 한다. 특히 시골에서 맨발로 많이 뛰어논 아이들은 흙의 차크라가 아주 튼튼하다. 이 아이들이 갑작스럽게 서울로 전학 오는 경우가 있다. 이때 이 아이들이 비록 도시 아이들에 비해 세련미는 떨어진다고 하더라고 도시 아이들에게 결코 호락호락 당하지 않는

---

42) 2번 차크라의 불균형에서 기인된 감정적 어려움은 인내, 끈기, 과단성, 안정감과 같은 1번 차크라의 흙 물질이 견제한다. 흙의 과다나 과소에 의해 부실해진 물라다라 차크라는 무계획, 비현실, 비견고함으로 흐르고 이것은 다시 개인을 극단적이고 불안한 감정에 이르게 한다.

다. 주관이 분명하기 때문이다. 흙의 성질을 지닌 1번 차크라가 제대로 발달되었다면 안정감이 있어서 쉽게 흥분하지 않고, 진지하며, 결정을 내리기 전에 충분히 생각하고, 타인의 의견을 충분히 경청하되 일단 결정을 내리면 왠만해선 물러서지 않는다. 따라서 이 아이들은 서울 아이들의 흐름에 밀려서 쉽게 끌려 다니지 않는다. 이것은 시골이라는 자연과 흙이 주는 대지의 품안에서 신나게 뛰어 논 결과이다.

265. 물질을 지배하기 위해서는 물질을 알아야한다. 물질을 안다는 것은 경험을 얻는 것이고 경험하기 위해서는 하위차크라로 하강해야 한다. 과거 왕정 시대에, 일부 왕들은 백성들의 생활을 이해하기 위해 평민의 복장을 하고 저잣거리로 나가서 민심을 느껴보는 일이 있었다. 왕에게 백성의 민심이 제대로 전달되지 않는 상태에서는 정치가 탁상공론이 될 수 있기 때문에, 왕이 직접 백성의 경험을 이해하고 그들과 소통하기 위한 것이다. 이것은 시바가 샥티를 만나기 위해서 하강하는 것에 비유할 수 있다. 시바는 왕이고 샥티는 백성이다. 시바는 정신이고 샥티는 경험(물질)이다. 왕이 백성의 경험을 파악하고 이해한 후, 백성을 안정시키거나 업그레이드 시킬 방법을 모색하는 것이 시바, 즉 왕의 역할이다. 큰 회사를 운영하는 회장이 자신의 자녀를 말단직원부터 경험하도록 하는 것은 샥티를 완전히 속속들이 경험하게 하여 강한 시바가 되게 하려는데 그 목적이 있다. 결국 회사가 다루는 것은 물질이다. 그리고 그 물질을 다룰 수 있는 능력은 시바의 능력이자 경영 능력이다. 그러나 샥티를 경험하지 않고서 시바는 샥티를 관리하기 어렵다.

266. 쎄턴(♄)의 상징은 10에 2자를 그려놓은 모형으로 12라는 숫자를 연상시킨다. 12는 행맨 카드를 의미한다. 쥬피터(♃)는 20과 1을 합해놓은 형상

을 나타냄으로써 21번 월드카드를 의미한다. 쎄턴은 물질계의 끝판왕으로 축소와 긴축을 상징한다. 따라서 쎄턴은 정신과 물질을 갉아먹는다. 반면 쥬피터는 정신계의 끝판왕으로서 시, 공간을 확장한다. 쎄턴은 카르마를 의미하고, 이 카르마는 쎄턴의 빚을 의미한다. 반면 쥬피터는 다르마의 왕으로서 빛을 의미한다. 즉 쎄턴이 시간과 공간을 축소시켜서 카르마를 양산할 때, 쥬피터는 시간과 공간을 확장시켜서 빛을 얻는다.

267. 3번 차크라는 단호함과 관련이 있다. 운동을 열심히 하는 사람들은 뱃심이 단단해 진다. 뱃심은 강한 의지와 관련있다. 이러한 특성을 가지고 있는 사람들은 표현력이 뛰어나다. 의지는 단호한 자기 표현과도 관련이 있다. 단호한 사람들은 결정력과 판단력이 뛰어나다. 그러나 결정력과 판단력이 뛰어나다고 해서 이들이 취하는 단호한 태도와 결정이 언제나 올바른 것일까? 그렇지 않을 수도 있다. 4번 아나하타 차크라나 아즈나 차크라가 불균형하게 발달한 경우, 옳지 않은 결정을 밀어 붙일수도 있다. 간혹 어린이들이 태권도를 하면서 부모님에 대한 효심이나 정신력 강화에 관련된 구호를 외치거나 군인들이 달리기를 하면서 정신일도하사불성과 관련된 구호를 외치면서 달리기를 하는 장면을 보곤한다. 이것은 아나하타 차크라의 감성과 아즈나 차크라의 지성을 3번 차크라와 함께 단련시킴으로써 운동으로 강화된 힘이 올바른 방향을 향할 수 있도록 방향성을 지정해주는 것이다.

268. 과거의 결혼이나 파트너쉽의 풍조는 지금 우리시대의 그것과 다소 달랐다. 가령 남성의 경우 좋은 대학을 졸업했거나 엘리트여서 그의 정신적인 능력이 뛰어나다면, 비록 물질적으로 부족하다해도 부유하거나 사회적 지위가 높은 집안의 여성과 결혼하는 일이 흔했다. 이것은 결혼을 통해서

여성은 남성의 부족한 물질을 보충해주고, 남성은 여성의 부족한 정신을 보충해주는 의미였다.

269. 과거의 여성들과 달리 현대의 여성들은 정신적 역량이 많이 향상되었다. 교육받을 수 있는 기회가 적었던 과거의 여성들과 달리 현대 여성들에게는 남성들과 거의 대등하게 교육의 문이 열려있다. 현대 여성들은 과거처럼 단지 남성의 보조적 역할이 아닌 독립적인 존재로 자신의 역할을 수행한다. 현대 여성이 새롭게 구비하게 된 이 정신적인 힘은 여성이 독립적인 존재로 자리매김하는 것을 가능하게 했다. 자신의 물질을 스스로 관리할 수 있는 강한 정신력을 가진 여성들이 늘어남에 따라 늦게 까지 혼인하지 않고 혼자 사는 여성이 점차로 증가하고 있다.

270. 차크라의 양극에 존재하는 샥티와 시바는 인간의 음적 에너지와 양적 에너지를 의미한다. 샥티는 어머니이자 여신이자 음적인 우주 기운으로 척추의 꼬리뼈 미저골에 위치한다. 시바는 남신이자 아버지이고 양적인 우주 기운으로 7번 차크라인 사하스라라에 있다. 샥티는 시바를 만나기 위해 상승해야하고 시바는 샥티를 만나기 위해 하강해야한다. 왜? 복명(復命)을 하기 위해서...시바는 피리를 부는 사나이이고 피리소리에 맞춰서 춤추는 뱀들은 샥티다. 샥티가 물라다라 차크라인 1번 차크라 아래에만 머물러있다면 의식은 상승될 수 없다. 의식이 상승되지 못하면 우울증과 질병에 노출되기 쉽다.

271. 빠져나올 수 없는 고통이 일상이라면 어떤 일이 생기는지 생각해 본 일이 있는가? 도스토옙스키의 소설《죄와 벌》에는 도저히 피할 수 없는 수렁과도 같은 가난과 고통에 빠진 여러 인물들이 등장한다. 주인공 '라

스꼴리니프'가 어느날 술집에서 만난 '마르멜라도프'는 극도의 가난과 무능력 그리고 죄책감에 빠져있는 인물이다. 그의 상황은 빠져나오려고 할수록 더 깊이 빠져드는 늪과도 같다. '마르멜라도프'라는 인물의 되풀이 되는 불행과 가난 그리고 알콜 중독, 여기에 몸을 팔아 아버지의 술값을 부담하는 딸 쏘냐의 불행은 빠져나올 수 없는 수렁이자 림보43)다. 그는 가여운 딸의 동정을 받으며 그녀의 돈을 받을 때마다 매번 새로운 삶을 결심하지만 번번히 자신과 딸을 배신한다. 그리고 그 불쌍한 돈을 가지고 다시 술집으로 향하면서 또 다시 고통스러워한다. '마르멜라도프'는 왜 이러한 상황에 빠졌을까? '마르멜라도프'는 카르마가 너무 많고, 그 카르마에서 빠져나올 수 있도록 지어놓은 복덕이 부족하다. 복덕을 많이 쌓으면 카르마를 정화할 수 있는 힘이 된다. 카르마가 정화되면 쿤달리니가 개발된다. 쿤달리니가 개발되면 좋은 인연과 좋은 기회를 만날 수 있는 적절한 시간과 적절한 상황에 자연스럽게 노출된다. 즉 이것은 한마디로 운이 좋아지고 발복한다라는 의미다.

272. 쿤달리니는 죽음과 부활의 사이를 오고 간다. 쿤달리니가 회음부에 머물러있을 때 그는 고독한 정적 속에 있다. 그는 활성화되어있지 않고 생명력이 없어 보인다. 그러나 죽음은 삶을 목적으로 한다. 또한 부활을 목적으로 한다. 누군가에 의해서 음용된 사과의 죽음은 한 알의 씨앗으로 땅 속에 묻힌다. 그러나 씨앗은 발화되어 새 생명으로 탄생한다. 죽음에 내재된 부활의 의미는 밑바닥을 치고 가장 절망스러운 순간에 다시 상승하거나 하

---

43) 단테의 <신곡>의 지옥편에 등장하는 림보는 신앙이 없는 사람들이 가는 지옥이다. 세례받지 못한 아기들도 림보에 있다. 고대 그리스와 로마 철학자들과 영웅들 대부분 여기에 있었으며 단테의 여행 안내자인 베르길리우스도 림보에 있었다. 림보는 대체로 평화로운 곳으로 그려지지만 고통도 없고 행복도 없기 때문에 발전할 수도 퇴보할 수 도 없는 곳이라는 의미가 강하다.

늘에서 서광이 비치는 것에 비유할 수 있다. 어둡고 깜깜하고 죽음과도 같은 무겁고 고밀도의 검은 흙더미를 밀고 나온 사과의 푸른 잎사귀가 세상 밖으로 고개를 내밀 때, 태양은 그를 향해 찬란한 빛을 내뿜는다. 이것은 쿤달리니가 몸 가장 말단부분인 회음부에서부터 머리 꼭대기까지 상승과 하강을 반복하는 활동을 하는 것에 비유할 수 있다. 샥티의 상승에 대한 시바의 허가 유무는 성취로 가는 길이냐 아니면 하극상의 길인가를 결정한다. 시바의 허가하에 상승한 샥티는 희열과 환희심 그리고 천상의 에너지를 느끼게 되지만, 후자의 경우는 성욕과 번뇌, 분노에 휘말리게 된다.

273. 죽음이 보여줄 수 있는 상징들을 가장 잘 드러낸 소설 중 하나인 에밀리 브론테의 명작 《폭풍의 언덕》. 역사에 이름을 남긴 인물들은 대체적으로 쿤달리니의 대가들이였다. 그녀의 소설 《폭풍의 언덕》을 보면 작가 에밀리 브론테도 쿤달리니의 대가가 아니었을까하는 생각을 하게 된다. 그녀는 어린 나이에 너무 많은 죽음을 경험했다. 겨우 3살에 돌아가신 어머니와 두 언니의 죽음, 그리고 남동생의 죽음까지...에밀리가 살았던 목사관 건너편의 황야 그리고 그 곳에서 불어오는 사나운 광풍은 목사관의 창문을 사정없이 내려쳤고, 그 창밖으로 즐비하게 늘어선 죽은 자들의 비석이 보이는 에밀리의 집에는 한마디로 죽음이 널려있었다. 그녀를 만난 사람들은 하나같이 그녀가 표정없는 얼굴에 말이 없으며 속을 알 수 없는 사람이었다고 전한다. 그녀는 집 앞의 황야를 산책하는 것 외에 집밖에 나오는 일이 거의 없었다. 그러나 그녀는 이 산책을 무척이나 좋아했다. 황야를 가득 채운 히스열매들의 고개가 꺾어지도록 불어대는 거친 바람 속에서 그녀는 말할 수 없는 자유를 느꼈다. 그녀의 언니이자 '제인에어'의 작가인 샬롯 브론테는 에밀리가 산책하는 모습에 대해 이런 글을 남긴바가 있다. "에밀리는 들판을 사랑했습니다. 더할 나위 없이 어두운 황무지도 그

녀에게는 장미보다 고운 꽃으로 덮여 있고, 납빛 언덕의 구덩이도 에밀리의 마음에는 낙원으로 보였습니다. 싸늘한 정적 속에서 그녀는 수없이 많은 기쁨을 찾아냈는데 그 중에서도 가장 강하고 절실하게 사랑한 것은 자유였습니다. 자유야말로 에밀리의 유일한 숨이었고, 만일 그것이 없었다면 그녀는 죽었을 것입니다."라고 쓰고 있다. 소설 속 《폭풍의 언덕》의 배경이 된 이 황야의 언덕 위를 휘몰아치던 거칠고 광할한 바람이 그녀를 감싸고 있는 죽음의 그림자를 벗겨내고 정화해 주었던 것일까? 죽음이 만연하던 그녀가 살던 목사관이 가장 낮은 곳을 상징한다면, 그녀의 유일한 외출지였던 이 황야는 아마도 가장 높은 곳을 상징할 것이다. 에밀리가 황야에 오르면 그녀의 집 속에 갇혀있던 쿤달리니 에너지들도 상승했고 그로 인해 에밀리는 커다란 지복감을 누렸던 것이 아닐까? 또한 쿤달리니가 그녀의 정신에 새로운 바람을 불어넣어주고 로고스와 자유를 경험하게 해주었던 것이 아니었을까?

274. 즐거움은 신경을 자극해서 가슴과 머리에 태양을 밝힌다. 이러한 즐거움은 마니퓨라를 강화시키고 가슴차크라를 각성시킨다. 아이들은 태양을 좋아한다. 아이들은 아무리 태양 빛이 강하다고 해도 기꺼이 놀이를 위해 바닷가에 뛰어들고, 모래 속에 몸을 던지고 흙 밭에 뒹군다. 놀 줄 안다는 것은 가슴에 아직 태양이 빛나고 있다는 의미이다. 놀 줄 안다는 것은 즐거움을 안다는 것이다. 즐거움을 안다는 것은 심장이 열려있다는 의미이고 아직도 피가 뜨겁다는 의미이다. 즐거움이 태양의 영역이라면 쾌락은 달의 영역이다. 마니퓨라와 가슴이 풍부한 사람들은 여유가 있고, 여유는 관대함을 낳는다. 관대함은 지도자의 덕목 중 하나이다. 쾌락은 말초 신경을 자극해서 위로 올라가야할 태양의 빛을 아래로 하위 차크라로 향하게 한다. 쾌락은 2번 차크라를 발달시키고, 상위 차크라의 에너지를 갉아먹음으로써

여유롭고 관대한 마음가짐을 잃어버리게 한다. 결과적으로 판단력을 무디게 만들고 고차원적인 사고를 불가능하게 한다. 이것은 다양한 사고의 불능을 가져오고, 이분법적인 판단에 길들여지게 한다. 나이가 든다는 것은 놀이의 즐거움을 잃어간다는 말과도 같다. 그러나 지도자가 놀이를 못하면 사람들이 따르지 않는다. 놀이를 하지 못하면 즐거움을 알지 못하고, 즐거움을 알지 못하면 사랑을 알지 못하며, 사랑을 알지 못하면 사람들이 따르지 않는다. 이러한 왕은 고독한 왕이자 힘없는 왕이다. 그러나 우리는 어쿼리어스의 시대라는 개인주의의 시대를 살고 있다. 어쿼리어스 시대는 개인이 왕인 시대다. 어쿼리어스 시대에 태양은 더 이상 왕이라는 특정한 존재에게만 국한되지 않는다. 따라서 요즘 사람들은 지도자의 권한 하에서 즐거움을 얻지 않는다. 요즘 사람들은 소위 지도자라고 불리우는 사람들 앞에서도 핸드폰을 통해 인터넷 서핑을 하면서, 개인주의의 벽을 세운다. 이들은 핸드폰만 있으면, 충분히 즐겁고, 즐기기 위한 모든 정보도 바로 핸드폰(인터넷)을 통해서 얻는다.

저자 신 영호 프로필

어려서부터 컴퓨터 게임을 좋아하고, 우주에 대한 애니메이션과 만화 그리고 책을 즐겨봤다. 7살 무렵부터 쿤달리니를 경험하여 20여 년간 힘든 세월을 보냈다. 20대 중반에는 본격적으로 仙·佛·요가 수련을 시작했다. 한편 대학과 대학원에서는 컴퓨터 전산통계와 전산계산학을 전공하였다. 30대 초반 위빠사나 명상 과정과 불교 경전 독송과정을 통해서 깨달음을 심화시키고 증득하였다.

그 후 생계를 위해 35살 무렵부터 c/c++ 등의 컴퓨터 프로그래밍 언어를 컴퓨터 학원에서 강의했으며, 38살 되던 나이에 서울의 역술학당에서 타로카드 강의를 시작했다. 유니버셜 웨이트 타로카드를 17여 년 간 강의해 왔으며, 현재 오쇼젠, 심볼론 등 여러 타로카드들을 강의하고 있다. 그동안 수많은 타로마스터들과 강사들을 배출했다. 23년부터는 온라인 줌 과정을 개설하여 국내외 어디서나 강의를 온라인으로 들을 수 있도록 하였다. 한편 오컬트 아카데미 온라인 교육과정도 신설하여 오컬트 강의를 수강할 수 있도록 하고 있다. 현재 20~30여 분의 수강생분들을 가르치고 있다. 타로카드 강의와 오컬트 강의를 듣고자 원하시는 분들은 010-8871-7780으로 연락 주시기를 바란다.

《타로카드 88가지 비밀 노하우》, 《타로카드 비밀 노하우 플러스》, 《타로카드 키워드 바이블》, 《타로카드 고급 리딩비법》, 《오컬트 철학 대백과사전》, 《타로카드 황금열쇠》, 《타로카드 실전 사례와 힐링 노하우 플러스》, 《마법사의 그리모어: 오컬트 힐링 강의노트》, 《타로의 철학과 실전 노하우》, 《카발라 마법과 오컬트 타로》, 《우주 배가본드의 심볼론 타로카드》, 《오쇼젠 타로카드와 위빠사나 명상 그리고 인연법》, 《오컬트 지혜 390》 등을 집필하거나 공저했다.

저자 임 지혜 프로필

대학을 졸업하고 몇 년간 영어 학원과 부동산 사무실을 운영했다. 어린 시절 쿤달리니 경험이 인연이 되어 오컬트 세계에 입문했다. 2018년부터 약 8년간 점성술 강의를 시작했으며, 점성술로 풀어보는 세계 문학 작품 세계, 오컬트, 점성술 One Day Class 등을 강의하고 있다. 점성술과 오컬트 강의를 수강하고자 원하는 분들은 010-7671-1846으로 연락주시기 바란다.

《서양 예측 점성술의 기예》 번역
《서양 점성술 12별자리 씨크릿》 저
《점성술사가 들려주는 예이츠의 사랑과 운명》 저
《마법사의 그리모어 오컬트 힐링 강의 노트》 공저
《카발라 마법과 오컬트 타로》 공저
《차크라 바이블》 번역
《오컬트 지혜 390》 공저

『서양 예측 점성술의 기예』

캐롤 러쉬맨 저. 로즈 임지혜 역

가격 27,000

운세 보는 법이 실려 있는 중급 수준의 점성술 실전서!

『서양 점성술의 12별자리 씨크릿』

로즈 임지혜 저, 가격 17,000

실전상담에서 보다 풍요로운 스토리텔링을 할 수 있도록 구성된 12싸인 점성술서!

『점성술사가 들려주는 예이츠의 사랑과 운명 그리고 철학』

로즈 임지혜 저, 가격 14,000

가혹한 환경 속에서도 강인한 정신과 끊임없이 진리를 추구하고자 했던 한 시인이 시대와 사랑이 부여한 고통스러운 운명을 어떻게 극복해 나갔는지를 목도하게 하는 인문철학서!

『타로의 철학과 실전노하우』

피크닉 신영호 저, 가격 35,000

타로의 철학적 측면과 저자의 약 17년간의 상담 노하우가 어울려져서 타로 내공이 고강해질 수 있도록 제작된 실전 전문서!

『마법사의 그리모어 오컬트 힐링 강의 노트』

피크닉 신영호. 로즈 임지혜 저

가격 50,000

10여년 이상 강의한 내공이 들어있는 오컬트 힐링서!

『카발라 마법과 오컬트 타로』
 피크닉 신영호, 로즈스타 임지혜 저
 가격 30,000원
 카발라 마법과 오컬트 타로에 대한 고급서적

『차크라 바이블』
 Anodea Judith 저
 임지혜 번역, 신영호 감수, 가격 37,000
 7차크라 전문서적이자 영적으로 간주되는 주제에 대한 실질적 지침서!

『우주배가본드의 심볼론 타로카드』
 피크닉 신영호 편저, 가격 80,000
 심볼론 고급통변을 위해 임상을 통해 확보된 다량의 키워드가
 수록된 심볼론 전문서!

『오쇼젠 타로카드와 위빠사나 명상 그리고 인연법』
 신영호 저
 가격 30,000
 키워드 중심의 오쇼젠 타로카드에 대한 해설서

『오컬트 지혜390』
 신영호 저
 가격 30,000
 오컬트와 마법의 지혜에 관한 책!

쿤달리니 요가 핵심 노하우

초판 1쇄 인쇄 2024년 1월 10일
초판 1쇄 발행 2024년 1월 17일

지은이 • 신영호, 임지혜
발행자 • 임지혜
발행처 • 이스턴 드래곤
주　소 • 서울시 영등포구 당산로 50길 2 서울빌딩
등　록 • 제 2018-000066호
등록일 • 2018년 3월 6일
email • metal38316@gmail.com

ISBN 979-11-980707-8-4(03180)
정　가　27000원

본서의 내용이나 일부를 무단으로 인쇄 복사 제본은 저작권법에 저촉됩니다. 본서는 저작권법에 따라 보호를 받는 저작물이므로 무단 전재 및 복제를 금지합니다. 본서의 전부 및 일부를 이용하려면 저작권자와 도서출판 이스턴 드래곤의 서면동의를 받아야 합니다. 본서의 국립중앙도서관 출판예정도서목록은 서지정보유통지원시스템 홈페이지(http://seoji.nl.go.kr)와 국가자료공동목록시스템(http://www.nl.go.kr/kolisnet)에서 이용하실 수 있습니다.

※ 잘못된 책은 구입하신 서점에서 바꾸어 드립니다.